Mosaik

Die besten Rezepte aus dem Rheinland

Zusammengestellt und bearbeitet von
Ulla Jacobs und Heidrun Schaaf

MOSAIK VERLAG

Inhalt

Vorwort

Am Rhein ißt man gerne, aber man nimmt das Essen – wie auch vieles andere – nicht so schrecklich ernst. Der berühmte Humor der Rheinländer hört auch bei der Namensgebung von Gerichten nicht auf: Wer vermutet schon, daß ein Halver Hahn ein Käsebrötchen ist und Kölscher Kaviar Blutwurst mit Senf? Die Küche des Rheinlandes ist von vielen Einflüssen geprägt. Da der Rhein die größte Handels- und Völkerstraße war, hinterließen neben den Römern die Franken sowie die Franzosen und Preußen ihre historischen und kulinarischen Spuren. Es entstand eine weltoffene Küche, die zwar nicht so viele unverwechselbare Nationalgerichte hat, dennoch typisch ist und originell.

Einige Spezialitäten vorab

Halve Hahn

Zutaten für 4 Personen

4 Roggenbrötchen (Röggelchen)
80 g Butter
4 dicke Scheiben Edamer Käse
mittelscharfer Senf
1 Zwiebel
1 Gewürzgurke
Kümmel
Paprika edelsüß

Wer unkundig im Rheinland einen Halve Hahn bestellt und auf eine knusprige Hähnchenhälfte hofft, sieht sich bitter enttäuscht. Wer Bescheid weiß, wird sich dagegen auf ein knuspriges Roggenbrötchen, dick mit Käse belegt, freuen. Übrigens schmeckt der Halve Hahn besonders gut, wenn der Käse nicht zu jung ist und wenn Bier gereicht wird. Am besten obergäriges Kölsch.

Brötchen aufschneiden. Jede Hälfte dick mit Butter bestreichen. 4 Hälften mit je einer Käsescheibe belegen. Senf draufstreichen.

Zwiebel schälen, in feine Ringe schneiden. Auf dem Käse verteilen. Gurke in Scheiben schneiden, auch drauflegen. Mit wenig Kümmel und viel Paprika bestreuen. Auf jeden Halve Hahn die andere Brötchenhälfte legen. Mit Tomaten garnieren.

Blutwurst mit Äpfeln und Zwiebeln

Zutaten für 4 Personen

40 g Margarine
500 g Blutwurst
2 Zwiebeln
5 Äpfel
1 Sträußchen Petersilie

Das ist die rheinische Art, Blutwurst zuzubereiten.

Margarine in der Pfanne erhitzen. Blutwurst in dicke Scheiben schneiden. Knusprig anbraten. Geschälte, in Ringe geschnittene Zwiebeln mitbraten. 4 Äpfel waschen, Kerngehäuse ausstechen. In Scheiben schneiden. 15 Minuten mit der Blutwurst dünsten.
Einen Apfel in Scheiben schneiden. Eine Platte damit belegen. Darauf Blutwurst mit Äpfeln und Zwiebeln anrichten. Mit Petersilie garnieren.
Beilage: Kartoffelpüree. Als Getränk gibt's Bier.

Graupen mit Backpflaumen

Zutaten für 4 Personen

250 g Gaupen
50 g Butter
1 l Wasser
Salz
250 g Backpflaumen
2 Eßlöffel Zucker

Die Backpflaumen über Nacht in Wasser einweichen. Die Graupen in einen ausreichend großen Kochtopf geben, mit Wasser bedecken und das Stückchen Butter zufügen. Zugedeckt bei kleiner Hitze 45 Minuten kochen lassen.
Die Backpflaumen samt Flüssigkeit zugeben. Den Zucker hineinstreuen. Alles noch 20 Minuten ohne Abdeckung kochen lassen. Die Flüssigkeit soll verdampfen. Der Graupenbrei darf nicht zu flüssig sein, da man ihn mit der Gabel ißt.
Beilage: Kalter Braten oder gekochter Schinken.

Mainzer Fondue

Zutaten für 4 Personen

500 g reifer Mainzer oder Harzer Käse
1/8 l Milch
2 Eßlöffel Speisestärke
1/4 l Rheinwein
2 Teelöffel Paprika edelsüß
2 Glas (je 2 cl) Aquavit

Wenn Sie mal Ihre Familie oder Gäste überraschen wollen: Mit Mainzer Fondue gelingt es Ihnen bestimmt! Denn die Spezialität gilt selbst bei Kennern noch als Geheimtip. Weiterer Vorteil des rustikalen Schmauses: Er schont die Haushaltskasse! Und so einfach wird's gemacht:

Käse kleinschneiden, in einen Topf geben. Milch zu gießen. Beides bei mittlerer Hitze zu einer glatten Masse rühren. Speisestärke mit Wein verquirlen, unter die Käsemasse rühren. Aufkochen lassen. Paprika und Aquavit reingeben. Gut durchrühren. Mischung in vorgewärmten Fonduetopf gießen. Sofort zu Tisch bringen, auf dem Rechaud weiterkochen lassen.
Beilage: Gewürfeltes Vollkorn- oder Weißbrot. (Es wird – wie bei Schweizer Fondue auch – in die Käsemasse getaucht.) Als Getränk empfehlen wir einen herben Weißwein oder ein kühles Pils.

Mögen Sie das Mainzer Fondue noch deftiger? Dann rühren Sie Käse und Milch in 100 g goldgelb gedünsteten Speckwürfeln glatt und reiben Sie den Fonduetopf mit der Schnittfläche einer Knoblauchzehe aus!

Speckpfannkuchen

Speckpfannkuchen sind eigentlich eine westfälische Spezialität, aber auch im Rheinland und anderen Teilen Deutschlands weiß man sie zu schätzen.

Mehl in eine Schüssel geben. In die Mitte eine Mulde drücken. Eigelb, Salz, Milch und Wasser reingeben. Mit dem Schneebesen zu einem glatten Teig rühren. Zugedeckt 30 Minuten ruhen lassen. (Das Mehl kann dann richtig ausquellen.) Eiweiß in einer Schüssel steif schlagen. Unter den Teig heben.
1 Eßlöffel Öl in einer Pfanne erhitzen. Speck in dünne Scheiben schneiden. Ein Viertel der Speckscheiben im Öl 2 Minuten anbraten. Ein Viertel des Pfannkuchenteiges drübergeben. Pfannkuchen auf der Unterseite in 3 Minuten goldgelb backen. Auf einen Deckel gleiten lassen. Umdrehen. Auch in 3 Minuten goldgelb backen. Warm stellen, bis alle Speckpfannkuchen gebacken sind.
Auf einer vorgewärmten Platte anrichten. Mit abgespülter, trockengetupfter und zerpflückter Petersilie und abgetropftem Tomatenpaprika garniert servieren.
Beilagen: Kopfsalat in Joghurtmarinade oder Sahnespinat. Als Getränk schmeckt dazu Bier.

Zutaten für 4 Personen

Für den Teig:
250 g Mehl
4 Eigelb
1 Prise Salz
je 1/4 l Milch und Wasser
4 Eiweiß
Zum Braten:
4 Eßlöffel Öl
120 g fetter Speck
Für die Garnierung:
1/2 Bund Petersilie
2 Eßlöffel Tomatenpaprika aus dem Glas

Pannhas

Zutaten für 4 Personen

250 g Rindfleisch
300 g Schweinebauch
250 g Zwiebeln
4 Möhren
Salz
weißer Pfeffer
1 1/2 l Wasser
1/2 Teelöffel gemahlene Nelken
1/4 Teelöffel Piment
1 Prise Majoran
250 g Buchweizenmehl
60 g Butter oder Margarine

Pannhas ist nicht nur in Westfalen und im Bergischen Land, sondern auch am Niederrhein bekannt. Es ist anzunehmen, daß das Wort vom französischen panaché, gleich bunt, vielfarbig oder gestreift, kommt. Im Sprachgebrauch der deutschen Küche heißt es so viel wie Gemischtes. Pannhas (oder Pannas) wurde früher auf Bauernhöfen am Schlachttag nach dem Wursten zubereitet und zwar so: Die Wurstbrühe mit einigen geplatzten Würsten, Salz, Pfeffer, Speckwürfeln und etwas Blut wird im Kessel durchgekocht. Unter Rühren gibt man Buchweizenmehl dazu. Der Brei muß so lange kochen, bis er fest ist. Dann läßt man Pannhas in Kastenformen kalt werden. Und so kann man ihn heute auch beim Fleischer in Westfalen und am Niederrhein kaufen. Man schneidet ihn in Scheiben, brät diese in der Pfanne und ißt Brot dazu. Wir haben für Sie auch ein Pannhas-Rezept ausfindig gemacht, und zwar dieses:

Fleisch unter kaltem Wasser waschen. Zwiebeln schälen und in grobe Stücke schneiden. Möhren putzen, waschen und auch in grobe Stücke schneiden. Fleisch, Zwiebeln und Möhren mit Salz und Pfeffer in einem Topf mit Wasser zum Kochen bringen. 50 Minuten sieden lassen.
Fleisch mit einem Schaumlöffel aus der Brühe nehmen. Durch den Fleischwolf (mittelfeine Scheibe) drehen. Brühe durchsieben. Wieder in den Topf geben. Fleisch auch wieder reingeben. Mit Salz, Pfeffer, Nelken, Piment und Majoran

würzen, aufkochen und das Buchweizenmehl unter Rühren dazugeben. 15 Minuten unter Rühren kochen. Das Buchweizenmehl muß gar, die Masse fest sein und sich vom Topf lösen. In eine mit Pergamentpapier ausgelegte Kastenform füllen. Abkühlen lassen. Über Nacht zugedeckt im Kühlschrank aufbewahren.
Fleischmasse aus der Form heben. In $1^{1}/_{2}$ cm dicke Scheiben schneiden. Butter oder Margarine in einer Pfanne erhitzen. Den Pannhas darin auf beiden Seiten in je 5 Minuten goldbraun braten. Anrichten und servieren.
Beilage: Bauernbrot. Als Getränk paßt Bier.

Pannhas hält sich im Kühlschrank acht Tage.

Roggenbrot

Zutaten

2,5 kg Roggenmehl
1 Eßlöffel Kümmel
1 l kochendes Wasser
10 g Hefe
2 Eßlöffel Sauerteig (50 g)
2 Eßlöffel Salz
Zum Bestreichen:
1/4 l Wasser
1 Eßlöffel Speisestärke

Es könnte ja sein, daß Sie zu Schweineschmalz mal selbstgebackenes Brot auf den Tisch des Hauses stellen oder Ihre Gäste damit verwöhnen möchten. Hier das passende Rezept:

Mehl in eine Schüssel geben. Kümmel reinmischen. In die Mitte eine Mulde drücken. Kochendes Wasser reinrühren und abkühlen. Teig dabei hin und wieder wenden. Hefe und Sauerteig mit etwas Salz verrühren. Reingeben und gut verkneten. Restliches Salz reinstreuen. Den Teig nochmal durcharbeiten. Über Nacht mit einem Küchentuch zudecken.
Am nächsten Tag den Teig etwa 20 Minuten gut durchkneten, bis er sich vom Schüsselrand und von den Händen löst. Zu einer Kugel formen. 60 Minuten gehen lassen. Dann in einem mit Mehl bestreuten Küchentuch 30 Minuten ruhen lassen.
Teig zu einem Laib formen. Aufs Backblech legen. Die Oberseite mit Wasser bestreichen. Ein paarmal mit der Gabel reinstechen, damit die Oberfläche nicht reißt. Bei 250 Grad in den vorgeheizten Ofen auf die mittlere Schiene schieben. Sofort 1/2 Tasse Wasser auf den Herdboden gießen. Backofentür 5 Minuten geschlossen lassen. Dann öffnen. Dampf 5 Minuten lang entweichen lassen. Tür wieder schließen. Temperatur auf 200 Grad zurückschalten. Backzeit: 45 Minuten.

Sauerteig erhalten Sie im Naturkostladen oder bei Ihrem Bäcker.

Schmalz mit Äpfeln und Zwiebeln

Zum Schmalzessen gehört ein deftiges Roggenbrot, kühles Bier und eiskalter, klarer Schnaps.

Flomen, wenn nötig, häuten. Unter lauwarmem Wasser abspülen und mit Haushaltspapier trockenreiben. Durch den Fleischwolf (grobe Scheibe) drehen oder mit einem scharfen Messer in sehr kleine Würfel schneiden. In einem großen Topf auslassen, bis die Grieben hellbraun sind. Das dauert etwa 25 Minuten.
In der Zwischenzeit Zwiebeln und Äpfel schälen. Äpfel vierteln und die Kerngehäuse rausschneiden. Zwiebeln und Äpfel fein würfeln. Vorsichtig in den Topf geben. So lange mitbraten, bis beide eine goldgelbe Farbe haben. Das dauert etwa 15 Minuten. Topf vom Herd nehmen. Zwiebeln und Äpfel bräunen in dem heißen Fett noch nach. Schmalz mit Salz, Pfeffer und Majoran kräftig würzen.
Nach 30 Minuten das Schmalz in Steinguttöpfe oder Porzellanschüsseln gießen. Über Nacht offen abkühlen lassen. Am nächsten Tag mit Pergamentpapier verschließen. An einem kühlen Ort hält sich das Schmalz mehrere Wochen.

Zutaten

1 kg Flomen
4 große Zwiebeln
2 große Äpfel
1 Teelöffel Salz
1/2 Teelöffel weißer Pfeffer
1 Teelöffel getrockneter zerriebener Majoran

Pumpernickel-Käsewürfel

Zutaten für 4 Personen

4 Scheiben Pumpernickel
3 Scheiben Emmentaler Käse
40 g Butter

Wenn im Rheinland oder in Westfalen von Schwarzbrot geredet wird, so ist meist Pumpernickel gemeint. Pumpernickel ist ein schwarzes Brot, das aus Roggenschrot und Sauerteig hergestellt wird. Nach längerer Gärzeit wird es bei Temperaturen von 110 bis 140 Grad in gut schließenden Öfen und dampfhaltiger Luft – damit eine Krustenbildung verhindert wird – 16 bis 24 Stunden gebacken. Pumpernickel wird meistens in dünne Scheiben geschnitten und in Alufolie verpackt angeboten, meistens in 500- und 250-g-Paketen. Außerdem gibt's Packungen mit kleinen, runden Pumpernickeltalern und etwa 4 cm großen Quadraten, die besonders für Partyhappen geeignet sind. Pumpernickel soll in jedem Fall luftig, kühl und trocken aufbewahrt werden.

Pumpernickel und Käsescheiben zu gleicher Größe schneiden. Pumpernickelscheiben mit etwa 30 g Butter bestreichen. Eine Scheibe mit der ungebutterten Seite nach unten auf ein Brett legen. Mit einer Scheibe Käse belegen. Die zweite Pumpernickelscheibe mit der bestrichenen Seite nach unten drauflegen. Mit der Hälfte der restlichen Butter bestreichen. Darauf wieder eine Scheibe Käse und Pumpernickel mit der bestrichenen Seite nach unten. Mit der restlichen Butter bestreichen. Die letzte Käsescheibe drauf und darüber die letzte Pumpernickelscheibe mit der gebutterten Seite nach unten. In Alufolie gewickelt 30 Minuten in den Kühlschrank stellen. Rausnehmen. Mit einem scharfen Messer in 12 Würfel schneiden.

Statt mit Käsescheiben können Sie Pumpernickel-Käsewürfel auch mit Frischrahmkäse zubereiten. Dazu 1 Käseecke mit einer geriebenen Zwiebel, und eine halbe Käseecke mit Paprika edelsüß und Salz würzen. Die Hälfte der weißen Käsemasse auf die erste gebutterte Pumpernickelscheibe streichen. Auf die nächste kommt der rote Paprika-Käse, und die letzte Schicht ist wieder der mit Zwiebel gewürzte Käse. Letzte Pumpernickelscheibe drauflegen. In Alufolie gewickelt 2 Stunden in den Kühlschrank legen. Rausnehmen und auch in 12 Würfel schneiden.
Oder Sie bestreichen 3 Pumpernickelscheiben mit einer Creme aus Butter und Roquefort oder Gorgonzola. Auch 2 Stunden in den Kühlschrank legen und anschließend in 12 Würfel schneiden.

Als Appetithappen, als kleinen Imbiß oder als Teil einer Käseplatte reichen.

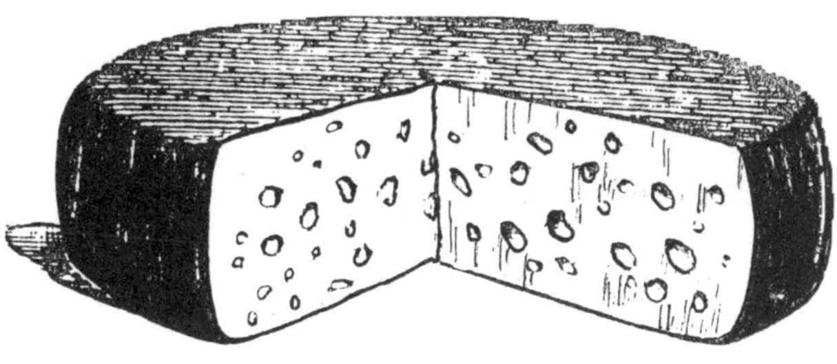

Domherrenschnitten

Zutaten für 4 Personen

1 Kalbshirn
1/2 l Wasser
1 Eßlöffel Essig
2 Sardellenfilets
1 Eßlöffel Kapern
1 Eßlöffel Petersilie
1 Eigelb
1 Eßlöffel Mehl
Pfeffer
Salz
Muskat
4 Scheiben Weißbrot
4 Eßlöffel Parmesankäse
4 große Salatblätter
4 kleine Tomaten
1 Zitrone

Domherren hat dieses Gericht so gut gemundet, daß es nach ihnen benannt wurde. Ob es aber die aus Köln, Aachen oder Trier waren, ist nicht bekannt. Jedenfalls stehen die Domherrenschnitten auf den Speisekarten vieler Gaststätten.

Kalbshirn unter fließendem Wasser kurz waschen. Wasser mit Essig erhitzen. Kalbshirn darin blanchieren. Etwas abkühlen lassen und häuten. Hirn, Sardellenfilets, Kapern und gewaschene Petersilie fein hacken. Mit Eigelb und Mehl vermischen und mit Pfeffer, Salz und Muskat abschmecken. Die Weißbrotscheiben toasten. Hirnmasse darauf verteilen. Parmesan drüberstreuen. Im vorgeheizten Ofen 10 Minuten bei 200 Grad überbacken. Salatblätter waschen und trockentupfen. Domherrenschnitten darauf anrichten. Die Tomaten waschen und vierteln. Zitrone waschen, halbieren. Rand einer Zitronenhälfte in Zacken schneiden. Damit und mit Tomatenachteln garnieren.
Wann reichen? Abends oder als Imbiß.

Leberwurst-Eierkuchen

Für die Eierkuchen Mehl in eine Schüssel geben. Mit dem Schneebesen langsam die Milch unterrühren. Dann nach und nach die Eier reingeben. Mit Salz abschmecken. Teig zugedeckt beiseite stellen.
Für die Füllung Leberwurst in eine Schüssel geben. Mit einer Gabel zerdrücken und mit Pfeffer, Salz und Majoran abschmecken. Schnittlauch und Petersilie abbrausen, trockentupfen. Schnittlauch fein schneiden, Petersilie hacken.
Etwas Margarine in einer Pfanne (Durchmesser 20 cm) erhitzen. So viel Teig in die Pfanne geben, daß der Boden bedeckt ist. Eierkuchen auf jeder Seite in 3 Minuten hellgelb backen. Auf einen Teller gleiten lassen. Mit Leberwurst bestreichen, mit Schnittlauch und Petersilie bestreuen. Zusammenrollen und auf einer Platte warm stellen, bis alle Eierkuchen gebacken sind. Mit Käse bestreut servieren. Ergibt 8 Stück.
Wann reichen? Mit Kopf- oder Tomatensalat als leichtes Mittag- oder Abendessen. Als Getränk paßt Bier dazu.

Leberwurst-Eierkuchen können Sie zusätzlich noch mit gedünsteten Champignons und Zwiebeln füllen.

Zutaten für 4 Personen

Für die Eierkuchen:
125 g Mehl
$^{1}/_{2}$ l Milch
4 Eier
Salz
Für die Füllung:
300 g feine Leberwurst
weißer Pfeffer
Salz
$^{1}/_{2}$ Teelöffel zerriebener Majoran
je $^{1}/_{2}$ Bund Schnittlauch und Petersilie
Außerdem:
Margarine zum Braten
30 g Emmentaler Käse zum Bestreuen

Bratheringe in Essigmarinade

Zutaten für 4 Personen

8 grüne Heringe
Saft einer Zitrone
Salz
1 Eßlöffel Mehl
85 g Margarine
Für die Marinade:
$^{3}/_{8}$ l Wasser
$^{3}/_{8}$ l Essig
2 Zwiebeln
2 Lorbeerblätter
2 Teelöffel Senfkörner
1 Prise Zucker
2 getrocknete Peperoni

Ihre Vorliebe für Bratheringe teilen sich die Rheinländer mit den Berlinern. Oft wandern die gebratenen Heringe auf den Mittagstisch und nur übriggebliebene in eine Essigmarinade.

Heringe schuppen, ausnehmen. Köpfe und Flossen abschneiden. Waschen. Mit Zitronensaft beträufeln. 10 Minuten einziehen lassen. Dann salzen und in Mehl wenden. Margarine in einer großen Pfanne erhitzen. Heringe auf beiden Seiten 7 Minuten darin braten. Leicht abkühlen lassen. Für die Marinade Wasser und Essig mischen. Zwiebeln schälen und in Ringe schneiden: In die Flüssigkeit geben. Mit den übrigen Zutaten kurz aufkochen. Marinade abkühlen lassen. Die noch warmen Heringe in eine Schüssel legen. Marinade drübergießen. Die Fische müssen ganz bedeckt sein. Nach 24 Stunden können die Bratheringe gegessen werden.
Beilage: Bratkartoffeln.

Bratheringe in Essigmarinade können Sie etwa vier Tage aufbewahren. Am besten zugedeckt im Kühlschrank. Jeder Tag, den der Hering länger mariniert wird, macht ihn aromatischer.

Rheinisches Apfelkraut

Apfelkraut ist ein typisch rheinischer Brotaufstrich. Natürlich kann man ihn fertig kaufen. Und das ist gut so, denn die Zubereitung ist recht aufwendig. Sollten Sie aber eine Apfelschwemme im Garten haben, so probieren Sie dieses Rezept:

Zutaten für 600 g

5 kg Äpfel

Äpfel waschen, putzen, vierteln und zu klarem Saft verarbeiten. Am besten im Dampfentsafter. Oder die Äpfel mit etwa 1/2 l Wasser weichkochen und den Saft einen Tag lang durch ein Tuch ablaufen lassen. So oder so gewinnen Sie etwa 3 Liter Saft, der anschließend zu einem dunklen Sirup eingekocht wird.
Den Saft in einen möglichst schweren, weiten Topf geben und rasch zum Kochen bringen. Unbedeckt in etwa 1 1/2–2 Stunden auf etwa 1/2 l einkochen. Dabei immerzu rühren, sobald der Saft dick zu werden beginnt. Den fertigen Sirup (etwa 600 g) in ein passendes Töpfchen geben und mit Zellophan verschließen.

Rheinischer Weihnachtssalat

Zutaten für 4 Personen

4 Matjesfilets
1/8 l Milch
1/4 l Wasser
200 g Rindfleisch
3/4 l Wasser
Salz
1 Bund Suppengrün
250 g Pellkartoffeln
2 säuerliche Äpfel
125 g Rote Bete aus dem Glas
2 Gewürzgurken
1 Zwiebel
1 Eßlöffel Kapern
50 g Walnußkerne
Für die Marinade:
1/4 l saure Sahne
50 g Mayonnaise
1 Eßlöffel Essig
Zucker
Salz
weißer Pfeffer
Für die Garnierung:
2 hartgekochte Eier
1 Bund Schnittlauch

Dieser vorzügliche Salat schmeckt nicht nur zur Weihnachtszeit. Obwohl er gerade an diesen Tagen des übermäßigen Süßigkeitenkonsums ein herzhafter Ausgleich für den strapazierten Magen ist.

Matjesfilets unter fließendem Wasser abspülen. In eine Schüssel geben. Mit Milch und Wasser bedeckt über Nacht wässern.
Rindfleisch abspülen. Wasser mit Salz in einem Topf sprudelnd aufkochen. Das Fleisch reingeben und zugedeckt 65 Minuten kochen lassen.
Suppengrün putzen, waschen, abtropfen lassen und kleinschneiden. 30 Minuten vor Ende der Garzeit auch in den Topf geben. Fleisch rausnehmen und auf einer Platte oder einem Teller abkühlen lassen.
Pellkartoffeln und Äpfel schälen. Äpfel vierteln und entkernen. Äpfelviertel, Kartoffeln, abgetropfte Rote Bete, Gewürzgurken und das kalte Fleisch in 1/2 cm große Würfel schneiden. Geschälte Zwiebel und abgetropfte Kapern hacken. Matjesfilets abtropfen lassen und fein würfeln. Walnußkerne grob hacken.
Alle Zutaten in einer großen Schüssel gründlich mischen. Für die Marinade saure Sahne, Mayonnaise und Essig mischen. Mit Zucker, wenig Salz und reichlich Pfeffer würzen. Über den Salat gießen. Zugedeckt im Kühlschrank 30 Minuten durchziehen lassen. In der Zwischenzeit Eier schälen und achteln. Schnittlauch abbrausen, trockentupfen und fein schneiden. Salat ab-

schmecken und eventuell nachwürzen. In eine Glasschüssel füllen. Mit Schnittlauch bestreuen und mit Eiachteln garniert servieren.
Wann reichen? Als Abendessen mit geröstetem Toast- oder Schwarzbrot und Butter. Als Getränk paßt Bier.

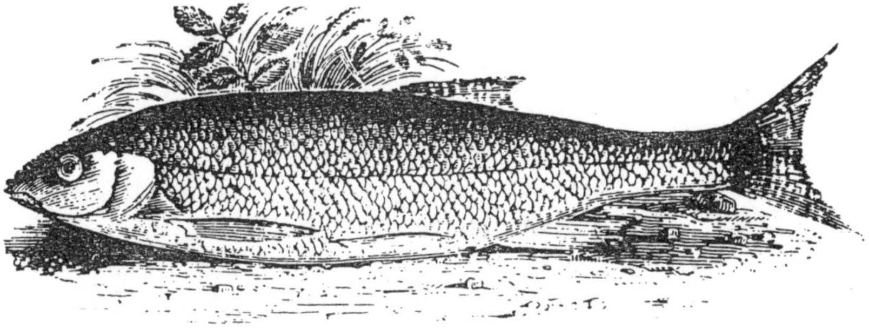

 Statt Matjesfilets kann man auch 2 Salzheringe nehmen. Sie müssen ebenfalls über Nacht gewässert werden. Dann Kopf und Schwanzflossen abschneiden und die Heringe filetieren.

Heringsstipp bergisch

Zutaten für 4 Personen

4 Salzheringe (je 200 g)
2 Zwiebeln
$^1/_8$ l Wasser
100 g Mayonnaise
1 Kleinstdose Milch (80 g)
Saft einer Zitrone
Pfeffer
Salz
Nelkenpfeffer
1 Prise Zucker
1 Gewürzgurke
1 hartgekochtes Ei

Im Bergischen Land bereitet man einen vorzüglichen Heringsstipp zu, den man grundsätzlich mit Pellkartoffeln und frischer Butter auf den Tisch bringt. Ein prima Essen. Man kann es morgens vorbereiten und braucht am Abend nur noch die Kartoffeln dazu zu kochen. So macht man den Heringsstipp:

Die Salzheringe ausnehmen. Milchner säubern. Beides abspülen. Heringe häuten. Filets von den Gräten lösen. Heringsfilets und Milchner in einer Schüssel zwölf Stunden wässern.
Abtropfen lassen. Milchner durch ein Haarsieb in eine Schüssel drücken. Zwiebeln schälen, würfeln und in einem Topf mit kochendem Wasser 5 Minuten blanchieren. Abgetropft zu den Milchnern geben. Mayonnaise, Milch und Zitronensaft darin glatt verrühren. Mit Pfeffer, Salz, Nelkenpfeffer und Zucker kräftig abschmecken.
Gewürzgurke und geschältes Ei würfeln. Mit den Heringsstücken in die Soße geben. Gut mischen. Vier Stunden durchziehen lassen.

Dieses Gericht können Sie verändern: In die Soße 1 Teelöffel Johannisbeergelee rühren. Zusätzlich mit Paprika edelsüß und Curry abschmecken.

Beamtensoße

Die Beamtensoße war nicht nur im Rheinland beliebt, sondern auch als Beamtenstippe in Berlin. Hier wie dort wurde dieses Gericht gekocht, wenn das Geld am Monatsende in der Haushaltskasse knapper wurde.

Zutaten für 4 Personen

1 Eßlöffel Öl
50 g fetter Speck
1 Zwiebel
30 g Mehl
1/4 l Wasser
Salz
schwarzer Pfeffer
Paprika rosenscharf
1 Teelöffel Zitronensaft

Öl in einem Topf erhitzen. Speck in 3 mm große Würfel schneiden. Reingeben und in 5 Minuten glasig braten. Zwiebel schälen, würfeln. Auch 3 Minuten braten. Mehl drüberstäuben. In 3 Minuten braun werden lassen. Unter Rühren mit Wasser auffüllen. Bei schwacher Hitze 5 Minuten kochen lassen. Mit Salz, Pfeffer, Paprika und dem Zitronensaft pikant abschmecken.
Wozu reichen? Zu Pellkartoffeln, gekochtem Rindfleisch, Eiern, Bohnengemüse, Matjesheringen und gekochtem Fisch.

Man kann die Beamtensoße auch noch mit einer gewürfelten Gewürzgurke und Zucker süßsauer abschmecken.

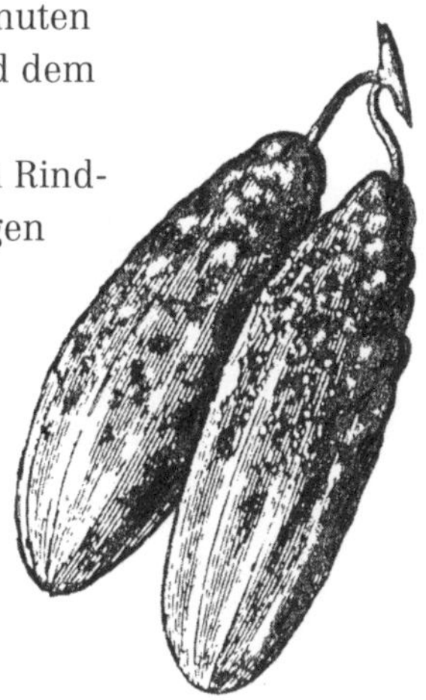

Kölner Röggelchen

Zutaten für 16 Brötchen

500 g Roggenmehl
50 g Hefe
1 Teelöffel Zucker
4 Eßlöffel lauwarmes Wasser
1/4 l Buttermilch
1 Teelöffel Salz
75 g Schweineschmalz
warmes Wasser zum Bepinseln

Mehl in eine Schüssel geben und vermischen. Eine Mulde hineindrücken. Hefe in die Mulde bröckeln. Die Hefe mit 1 Teelöffel Zucker, lauwarmem Wasser und etwas Mehl zum Vorteig verrühren. Die Schüssel mit einem Tuch bedecken. Den Vorteig 20–30 Minuten gehen lassen. Buttermilch, Salz und Schmalz in Flöckchen zum Vorteig geben. Alle Zutaten zu einem glatten Teig verarbeiten. Den Teig schlagen, bis er Blasen wirft.

Aus dem Teig runde Brötchen von 5 cm Durchmesser formen. Etwas flachdrücken. In Abständen von 5 cm auf ein gefettetes Backblech setzen. Das Backblech auf einen breiten, flachen Kochtopf mit heißem Wasser stellen, mit einem großen Küchentuch abdecken. Die Brötchen 20–30 Minuten gehen lassen.

Die Röggelchen auf der mittleren Schiene im vorgeheizten Backofen bei 220 Grad 25–30 Minuten backen. Fünf Minuten vor Ende der Backzeit mit heißem Wasser bepinseln. Beim Backen eine Tasse heißes Wasser mit in den Ofen stellen.

Soleier

Große Gläser mit Soleiern stehen auf den Theken vieler Gaststätten. Die Kölner wissen das besonders gut. Keine Stammkneipe ohne Soleier. Viele Leute schätzen es, so zubereitete Eier zu essen. Falls Sie sie auch so gerne mögen, bereiten Sie sie doch mal selbst zu. Interessant zu wissen, daß Soleier eine schlesische Osterspezialität waren.

Zutaten

1 l Wasser
40 g Salz
Schalen von 2 Zwiebeln
12 Eier

Wasser mit Salz und Zwiebelschalen in einem großen Topf 5 Minuten kochen. Abkühlen lassen. Zwiebelschalen entfernen. Eier in einen Topf mit kochendem Wasser geben. In 10 Minuten hartkochen. Mit kaltem Wasser abschrecken. Schale ringsherum leicht anknicken. In ein Glas legen und mit der Salzlösung übergießen. Sie müssen völlig bedeckt sein. Mindestens 24 Stunden ziehen lassen. Die Eier können 8 Tage in der Sole aufbewahrt werden.
Wann reichen? Als Abendessen oder als Bestandteil eines kalten Büfetts.
PS: Für den Fall, daß Sie nie Soleier gegessen haben: Eier der Länge nach halbieren. Eigelb ausheben. Die Eiweißhälften nach Belieben mit Salz, gemahlenem Pfeffer, Paprika, Senf, Essig und Öl würzen. Eigelb als Krönung draufsetzen.

Leberwurstsalat

Zutaten für 4 Personen

250 g feste Leberwurst
2 Zwiebeln
1 Lorbeerblatt
2 Nelken
4 Pfefferkörner
4 Senfkörner
Essig
Öl

Dieser Leberwurstsalat ist eine Düsseldorfer Spezialität. Leberwurst wurde an der Düssel einst „Wisser Hännes" genannt, das heißt „Weißer Hans" – wegen der weißen Fettschicht, die die Wurstmasse umgibt. Nach dem Krieg gab es nur fettarme Leberwurst. Sie mußte es sich gefallen lassen, in „Stockfärv" umgetauft zu werden. Übersetzung: Fensterkitt.

Leberwurst enthäuten und in Scheiben schneiden. Zwiebeln schälen und hacken. Leberwurst mit den Zwiebeln und allen Gewürzen mischen und mit Essig und 1 Eßlöffel Öl übergießen. Über Nacht marinieren. Dazu passen Schwarzbrot und etliche klare Schnäpse.

Endiviensalat rheinisch

Mögen Sie's herzhaft? Dann probieren Sie doch mal den rheinschen Endiviensalat. Sehr zu empfehlen ist er zum Brunch nach einer durchfeierten Nacht.

Zutaten für 4 Personen

1 Kopf Endiviensalat
400 g Pellkartoffeln
4 Matjesfilets
Für die Marinade:
3 Eßlöffel Zitronenessig
2 Eßlöffel Öl
1 Zwiebel
Pfeffer
1 Prise Zucker
je 1/4 Bund Petersilie, Schnittlauch und Dill
2 Eßlöffel saure Sahne

Endiviensalat putzen, waschen und in Streifen schneiden. Abtropfen lassen. Geschälte Pellkartoffeln würfeln. Matjesfilets in gleichgroße Würfel schneiden. Mit dem Salat vorsichtig mischen.
Für die Marinade Zitronenessig und Öl verrühren. Zwiebel schälen und reiben. Mit Pfeffer und Zucker in die Marinade rühren. Über den Salat gießen. Etwa 20 Minuten durchziehen lassen. Anrichten. Petersilie, Schnittlauch und Dill waschen. Sehr fein hacken. Mit der sauren Sahne verrühren. Über den fertigen Salat gießen.
Wann reichen? Außer zum Brunch eignet sich dieser Salat als schmackhaftes Abendessen. Brot und ein kühles Bier als Getränk dazu reichen.

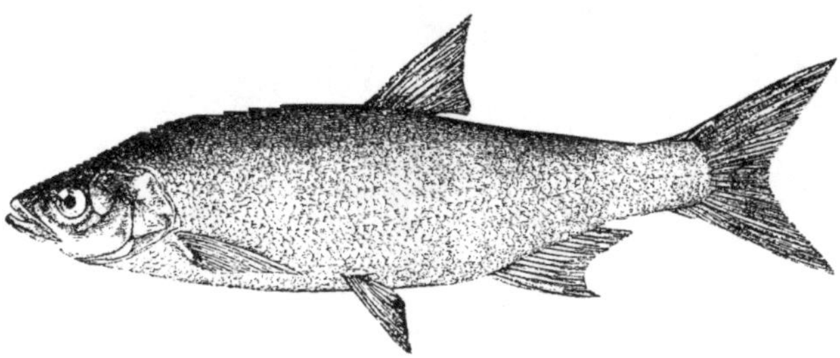

Suppen und Eintöpfe

Rheinische Kartoffelsuppe

Zutaten für 4 Personen

750 g mehligkochende Kartoffeln
1/2 Sellerieknolle
2 Möhren
1 Petersilienwurzel
1 Stange Porree
1 große Zwiebel
100 g durchwachsener Räucherspeck
1 Eßlöffel Öl
1/2 Teelöffel Kümmel
1 Lorbeerblatt
1 Messerspitze Majoran
Salz
schwarzer Pfeffer
1 1/2 l Wasser
4 Bockwürste oder Knackwürste
gehackte Petersilie und Schnittlauch zum Bestreuen

Die Kartoffeln und die Sellerieknolle schälen und in daumendicke Würfel schneiden, die geputzten Möhren und die Petersilienwurzel in Scheiben und den gut gewaschenen Porree in fingerdicke Stücke. Die Zwiebeln schälen und in Streifen schneiden. Den Speck klein würfeln.
Das Öl in einem hohen Topf erhitzen und den Speck darin glasig braten. Die Kartoffeln und das Gemüse hinzufügen und unter Rühren 10 Minuten in dem Speckfett anrösten. Die Gewürze zufügen und das Wasser aufgießen. Bei leichter Hitze ca. 45 Minuten kochen lassen, bis die Kartoffeln zu zerfallen beginnen.
Einen Teil der Suppe durch ein Sieb passieren oder mit dem Mixer pürieren. Dann mit der restlichen Suppe verrühren. Die Würstchen im ganzen oder in Scheiben geschnitten in der Kartoffelsuppe heiß werden lassen. Die Suppe in 4 Teller verteilen und mit Petersilie und Schnittlauch bestreut auftragen.

Rheinische Erbsensuppe

Die leckere Äzezupp bereitet man am Niederrhein mit Schweinepfoten zu. Ersatzweise können Sie einige Knochen und ein Stück Schweinebauch nehmen. In manchen Gegenden bestreut man die Suppe mit gebratenen Zwiebel- und Speckwürfelchen.

Zutaten für 4 Personen

500 g getrocknete grüne Erbsen
250 g Schweinepfoten
250 g Kartoffeln
2 Bund Suppengemüse
2 Knoblauchzehen
Salz
Pfeffer

Die Erbsen über Nacht in etwa 2 l Wasser einweichen. Am nächsten Tag mit dem Einweichwasser und den Schweinepfoten aufsetzen und in 1 1/2–2 Stunden weich kochen.
Die Kartoffeln schälen und in Würfel schneiden. Das Suppengemüse putzen, waschen und kleinschneiden, die Knoblauchzehen schälen und hacken. Alles in die Suppe geben, noch weitere 30 Minuten kochen lassen. Die fertige Äzezupp kräftig mit Salz und Pfeffer abschmecken.

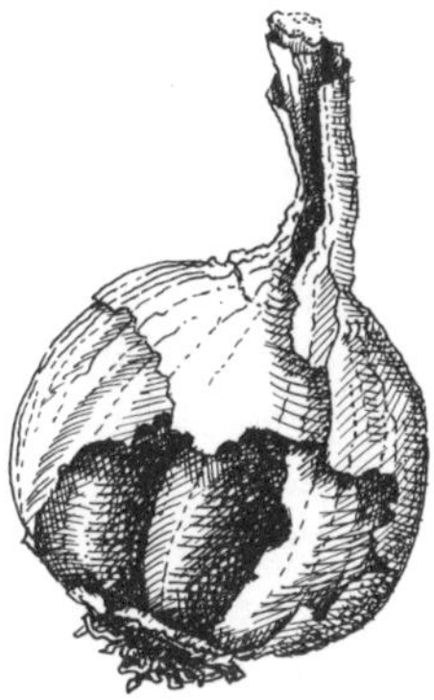

Bohnensuppe rheinisch

Zutaten für 4 Personen

1,5 kg frische grüne Stangenbohnen
einige Zweige Bohnenkraut
$1^1/_4$ l Fleischbrühe
400 g Kartoffeln
2 gehäufte Eßlöffel Mehl
2 Tassen saure Sahne
Salz
Pfeffer
12 kleine Cocktailwürstchen
1 Bund Petersilie

Im Rheinland gibt es viele Arten, Bohnensuppen zuzubereiten. Manche schwören darauf, daß dieses Rezept das einzig wahre ist. Probieren Sie mal.

Bohnen fädeln, waschen. In gleichmäßige Stücke schneiden. Mit dem gewaschenen Bohnenkraut in die kochende Fleischbrühe geben. Kartoffeln schälen. Würfeln und auch reingeben. 30 Minuten kochen.
Mehl mit saurer Sahne verrühren. Unter Rühren in die Suppe geben. Salzen und pfeffern. Jetzt kommen die Cocktailwürstchen rein. Heiß werden lassen. Bohnensuppe mit den Würstchen zusammen anrichten. Vor dem Servieren noch mit der zerpflückten Petersilie bestreuen.
Beilage: Reibekuchen, die in anderen Gegenden Reibeplätzchen oder Kartoffelpuffer genannt werden. Jedenfalls sind das kleine, in Öl gebackene Plätzchen aus rohem Kartoffelteig, die Sie in diesem Buch unter der Bezeichnung Rievkooche finden.

Schnippelbohnen mit Äpfeln

Zutaten für 4 Personen

500 g grüne Bohnen
2 l Fleischbrühe (selbstgemacht oder aus Extrakt)
1 Bund Bohnenkraut
3 säuerliche Äpfel (z. B. Boskop)
200 g durchwachsener Speck
1 Zwiebel
2 Eßlöffel Mehl
1 Eßlöffel Essig
Salz
Pfeffer
1 Eßlöffel Zucker

Die Bohnen waschen und in feine schräge Scheiben schneiden (schnippeln). Die Fleischbrühe in einem großen Suppentopf erhitzen und die Bohnen darin bei mittlerer Hitze etwa 20 Minuten kochen. Die Äpfel schälen, halbieren und vom Kernhaus befreien. Apfelhälften in Scheiben schneiden und mit dem Bohnenkraut zu den Bohnen geben. Weitere 15 Minuten kochen lassen.
In der Zwischenzeit den Speck in kleine Würfel schneiden und in einem Soßentopf ausbraten. Die Zwiebel schälen, würfeln und kurz mitanbraten. Mehl über die Speck-Zwiebel-Mischung stäuben, durchrühren und mit Bohnenwasser ablöschen. Alles zusammenrühren und mit Essig, Salz, Pfeffer und Zucker süßsäuerlich abschmecken.

In manchen Gegenden werden auch noch in Würfel geschnittene Kartoffeln mitgekocht.

Kölner Zwiebelsuppe

Zutaten für 4 Personen

500 g Zwiebeln
40 g Margarine
250 g grobe Mettwurst
1 1/4 l heiße Fleischbrühe
500 g gekochte Kartoffeln
Salz
weißer Pfeffer
1 Bund Petersilie

Diese Zwiebelsuppe hat mit der Französischen nichts gemein. Sie gleicht eher einem Eintopf. Die Mettwurst macht sie sehr würzig.

Zwiebeln schälen und in Scheiben schneiden. Margarine in einem Topf erhitzen. Zwiebeln darin unter Rühren in 3 Minuten bräunen. Mettwurst in 2 cm große Würfel schneiden. 5 Minuten mit den Zwiebeln braten.
Fleischbrühe angießen. Suppe 10 Minuten kochen lassen. Abgetropfte Kartoffeln würfeln und zugeben. 5 Minuten erhitzen. Mit Salz und Pfeffer würzen. Suppe mit gewaschener, gehackter Petersilie bestreut servieren.
Beilage: frische Brötchen

Grüne Kartoffelsuppe

Kartoffeln schälen, waschen und würfeln. Zwiebel schälen und würfeln. Margarine in einem Topf erhitzen. Zwiebelwürfel darin glasig werden lassen. Möhren, Sellerieknolle und Porree putzen, waschen, trockentupfen und würfeln.
In den Topf geben und unter Rühren 5 Minuten mitbraten. Heißes Wasser angießen. Kartoffelwürfel reingeben. Salzen, pfeffern. Lorbeerblätter und Gewürzkörner zugeben. Einmal aufkochen. Bei gleichmäßiger Mittelhitze in 20 Minuten gar kochen.
Suppe durch ein Sieb passieren. Wieder in den Topf geben. Petersilie waschen, trockentupfen und hacken. Sahne im Becher verquirlen. Mit der Petersilie in die Suppe rühren. Vom Herd nehmen und servieren.
Wann reichen? Als Suppe vorweg mit gerösteten Weißbrotwürfeln. Oder als leichtes Mittagessen mit Wiener oder Frankfurter Würstchen und Graubrot.

Zutaten für 4 Personen

600 g Kartoffeln
1 Zwiebel
40 g Margarine
2 Möhren
1/2 Sellerieknolle
2 Stangen Porree
1 1/2 l heißes Wasser
Salz
weißer Pfeffer
2 Lorbeerblätter
4 Gewürzkörner
2 Bund Petersilie
1/8 l Sahne

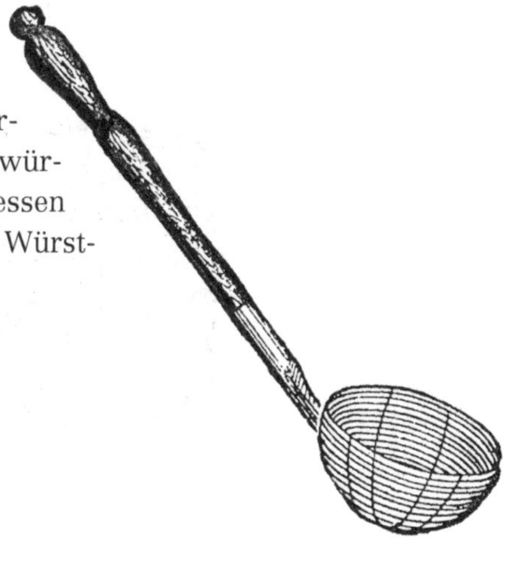

Weißkohleintopf

Zutaten für 4 Personen

1 Kopf Weißkohl (750 g)
500 g Kartoffeln
1 l heiße Fleischbrühe
Salz
1 Teelöffel Kümmel
Außerdem:
200 g durchwachsener Speck
1 Zwiebel
250 g grobe Mettwurst

In der Gegend um Aachen liebt man deftige Eintöpfe. Typisch ist, daß über den fertigen Eintopf ausgebratene Speckwürfel gestreut werden. Bei diesem Weißkohleintopf kommen noch gebratene Zwiebelwürfel und Mettwurstscheiben hinzu.

Kohl putzen, vierteln. Den Strunk rausschneiden. Die Kohlviertel unter kaltem Wasser abspülen, abtropfen lassen. Kohl in Streifen schneiden oder hobeln. Kartoffeln schälen, waschen und in Scheiben schneiden.
Fleischbrühe, Kohl und Kartoffelscheiben in einen Topf geben. Mit Salz und Kümmel würzen. Zugedeckt 45 Minuten kochen. Gegen Ende der Kochzeit Speck und geschälte Zwiebel in Würfel schneiden. Speck in 3 Minuten in einer Pfanne glasig braten. Zwiebelwürfel reingeben und in 3 Minuten hellbraun braten. Von der Mettwurst die Haut abziehen. Wurst in Scheiben schneiden. In die Pfanne geben und 4 Minuten braten. Weißkohleintopf mit Salz abschmecken. In einer vorgewärmten Terrine anrichten. Speck- und Zwiebelwürfel und Wurstscheiben darauf verteilen.

Weiße Bohnensuppe

Zutaten für 4 Personen

200 g weiße Bohnen
2 l Wasser
2 Bund Suppengrün
40 g Butter oder Margarine
40 g Mehl
Salz
weißer Pfeffer
Paprika rosenscharf
75 g durchwachsener Speck
1 Zwiebel

Bohnen am Vorabend auf einem Sieb waschen. In einer Schüssel mit dem Wasser bedeckt über Nacht quellen lassen. Am nächsten Tag Bohnen mit dem Einweichwasser in einem großen Topf zum Kochen bringen und 45 Minuten kochen lassen.
Suppengrün putzen, waschen, abtropfen lassen und in Streifen schneiden. Nach 15 Minuten Kochzeit zu den Bohnen geben. Bohnen auf einem Sieb abtropfen lassen. Kochbrühe auffangen und warm stellen. Butter oder Margarine in einem Topf erhitzen. Mehl einstreuen. In 3 Minuten hellgelb anschwitzen. Unter Rühren mit der Bohnenbrühe auffüllen. 5 Minuten kochen lassen. Mit Salz, Pfeffer und Paprika abschmecken. Bohnen in die Suppe geben. Bei schwacher Hitze 10 Minuten ziehen lassen.
In der Zwischenzeit den fein gewürfelten Speck in einer Pfanne in 5 Minuten glasig braten. Zwiebel schälen und würfeln. Im heißen Speckfett 3 Minuten braten.
Suppe in einer Terrine anrichten und mit den Speck- und Zwiebelwürfeln übergießen. Sofort servieren.

Auch Mettwürstchen werden häufig in der Bohnensuppe mitgekocht.

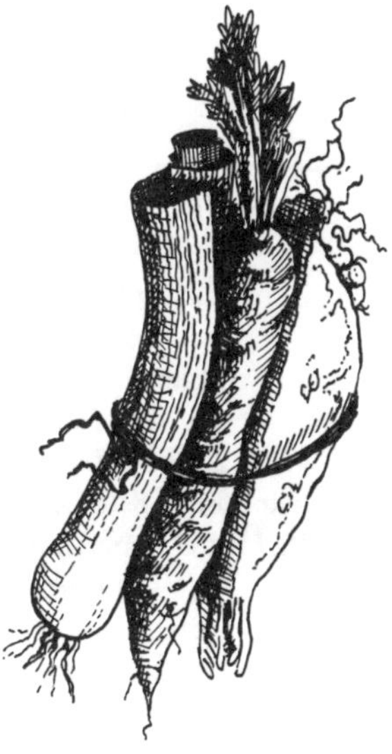

Buttermilchsuppe mit Backobst

Zutaten für 4 Personen

150 g Backobst
1 l Buttermilch
30 g Speisestärke
1 Prise Salz
abgeriebene Schale einer Zitrone
50 g Zucker
Saft einer halben Zitrone

Backobst in etwas Wasser über Nacht einweichen. Am nächsten Tag im Einweichwasser 15 Minuten kochen. Buttermilch mit Speisestärke verrühren. Unter Rühren aufkochen. Salz und abgeriebene Zitronenschale dazugeben. 5 Minuten kochen lassen.
Mit Zucker und Zitronensaft abschmecken. Zum Schluß das abgetropfte Backobst reingeben.

Es ist hier wie bei allen süßen Suppen: Manche reichen sie vorm Essen, manche als Dessert.

Niederrheinische Milchsuppe

Zutaten für 4 Personen

250 g Kirschen
1 Orange
1/2 Tasse Rosinen
50 g Butter
3 Eßlöffel Zucker
2 gestr. Eßlöffel Hafermehl
1 gestr. Eßlöffel Weizenmehl
1 l Milch

Kirschen waschen und entsteinen. Orange schälen und das Fruchtfleisch in Würfel schneiden. Rosinen mit kochendem Wasser brühen, dann abtropfen lassen und in vier Suppenteller verteilen.
Die Butter im Topf erhitzen, den Zucker einstreuen, beides mischen. Beide Mehlsorten hinzufügen und alles gründlich verrühren, bis die Masse hellbraun zu werden beginnt. Dann sofort die kalte Milch aufgießen, so daß sich kleine harte Klümpchen bilden. Sobald die Suppe heiß ist, in die Teller füllen und die Kirschen und Orangenwürfel darauf verteilen.
Heiß servieren, weil sich die Klümpchen sonst auflösen.

Rheinische Weinsuppe mit Haube

Ganz gleich, ob Sie die Weinsuppe warm oder kalt servieren. Sie schmeckt immer!

$^3/_8$ l Wasser mit Zucker, Zitronenschale und Zimtstange in einem Topf zum Kochen bringen. Speisestärke in einer Schüssel mit dem restlichen Wasser glattrühren. In die kochende Flüssigkeit geben und unter Rühren aufkochen lassen. Mit dem Weißwein mischen. Eigelb mit Sahne und etwas Suppe in einem Becher verquirlen. In die Suppe rühren. Noch mal erhitzen, aber nicht kochen lassen.
Eiweiß in einer Schüssel zu steifem Schnee schlagen. Vanillinzucker und Puderzucker einrieseln lassen. Zitronenschale und Zimtstange aus der Suppe nehmen. Heiße Suppe in eine Terrine füllen. Schneehaube draufgeben. Glattstreichen. Zugedeckt 5 Minuten ziehen lassen. Dann sofort servieren.
Wann reichen? Als Vorsuppe oder als Kaltschale im Sommer oder mit Butterbroten als Abendessen.

Die Weinsuppe mit Haube können Sie geschmacklich variieren, wenn sie gewaschene und in Wein oder Weinbrand getränkte Rosinen zufügen.
Nehmen Sie statt eines normalen Weißweins einen Apfelwein.

Zutaten für 4 Personen

$^1/_2$ l Wasser
50 g Zucker
1 Stück Zitronenschale
$^1/_4$ Zimtstange
30 g Speisestärke
$^1/_2$ l Weißwein
2 Eigelb
$^1/_8$ l Sahne
Für die Haube:
2 Eiweiß
1 Päckchen Vanillinzucker
20 g Puderzucker

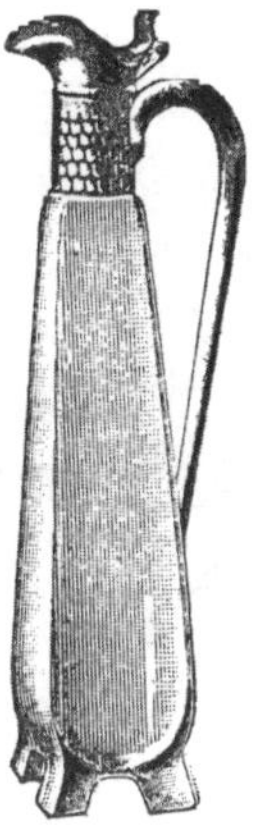

Kartoffel- und Gemüsegerichte

Kastenpickert

Zutaten für 20 Stücke

1 kg Kartoffeln
500 g Mehl
50 g Hefe
3 Eßlöffel lauwarmes Wasser
5 Eier
Salz
Öl zum Einfetten
Semmelbrösel zum Bestreuen

Kastenpickert ist zwar westfälischen Ursprungs, hat aber auch im Rheinland viele Freunde. Manche Hausfrauen schwören darauf, daß Pickert erst dann richtig schmeckt, wenn er nach dem Backen 24 Stunden durchziehen konnte. Dann wird er in Butter gebraten oder auch ungebraten gereicht.

Kartoffeln schälen. In kaltem Wasser waschen. In eine Schüssel reiben. Auf ein Sieb geben und gut abtropfen lassen. Eine große Schüssel drunterstellen, um das Wasser und die Kartoffelstärke aufzufangen. 5 Minuten stehenlassen, damit sich die Stärke am Schüsselboden absetzen kann. Wasser vorsichtig abgießen.
Geriebene Kartoffeln und Mehl zufügen. Hefe mit dem Wasser in einer kleinen Schüssel oder einer Tasse verrühren. Das kommt auch in die Schüssel. Diesen Teig gut verrühren. Eier zugeben und kräftig schlagen. Mit Salz pikant würzen. Eine 30 cm lange Kastenform mit Öl einfetten und mit Semmelbröseln ausstreuen. Teig reingeben. Zugedeckt 30 Minuten aufgehen lassen. In den vorgeheizten Ofen auf die mittlere Schiene stellen. 120 Minuten bei 180 Grad backen.
Nach 60 Minuten die Form mit einem Blatt Pergamentpapier abdecken. Pickert rausnehmen. Mit einem Messer aus der Form lösen. Auf einem Kuchendraht abkühlen lassen. In 20 Stücke schneiden.
Wann reichen? Mit Marmelade und Rübenkraut bestrichen als Frühstück. Oder in Butter gebraten und dann heiß servieren.

Himmel und Erde

Dieses schnelle Gericht ist Beilage zu gebratener Blutwurst (oder Leberwurst) mit Zwiebeln. Auf rheinisch heißt das Gericht Himmel und Ääd mit Blotwoosch.

Kartoffeln schälen, waschen. In einem Topf mit gesalzenem Wasser auf den Herd stellen. Vom Kochen an in 20 Minuten garen. Abgießen. Trockendämpfen. Noch heiß durch eine Presse in einen Topf geben. Apfelmus zuschütten und die Masse mit einem Schneebesen schaumig rühren. Topf auf den Herd stellen. Masse bei geringer Temperatur erhitzen. Zucker zugeben. Geschälte Zwiebeln und den Speck fein würfeln. Beides in einer Pfanne goldgelb braten. In die Kartoffel-Apfelmus-Masse rühren. Nach Geschmack mit Essig würzen. Mit Salz abschmecken.

Zutaten für 4 Personen

750 g Kartoffeln
1 l Wasser
Salz
500 g Apfelmus selbstgemacht oder aus dem Glas
1 Teelöffel Zucker
2 Zwiebeln
125 g durchwachsener Speck
Essig nach Geschmack

Rheinische Potthucke

Zutaten für 4 Personen

300 g rohe Kartoffeln
700 g gekochte Kartoffeln
(am besten Pellkartoffeln vom Vortag)
4 Eier
Salz
100 g Sahne
Fett für die Form
50 g Butterflöckchen
Öl oder Butterschmalz zum Braten

Rohe und gekochte Kartoffeln in eine Schüssel reiben. Eier, Salz und Sahne zufügen und alles gut verrühren. Eine Auflaufform einfetten und die Kartoffelmasse hineinfüllen. Butterflöckchen daraufsetzen. Die Form auf die mittlere Schiene des vorgeheizten Backofens schieben und etwa 50 Minuten bei 180–200 Grad backen. Nach dem Backen die Potthucke aus der Form stürzen und erkalten lassen.
In dicke Scheiben schneiden und in heißem Öl in einer Pfanne knusprig braten.

Leineweber

Zutaten für 4 Personen

8 große Pellkartoffeln vom Vortag
1 Scheibe gekochter Schinken (200 g)
4 Eßlöffel Mehl
8 Eßlöffel Wasser
4 Eier
Salz
Pfeffer
geriebene Muskatnuß
Margarine zum Backen

Kartoffeln pellen und in dicke Scheiben schneiden. Den Schinken in Würfel schneiden.
Das Mehl mit dem Wasser verrühren, bis eine dickliche Masse entstanden ist.
Eier hineinrühren, mit Salz, Pfeffer und Muskat würzen. Die Margarine in einer weiten Pfanne erhitzen. Die Kartoffelscheiben hineinlegen und mit dem Eierkuchenteig übergießen. Bei Mittelhitze von beiden Seiten goldbraun backen.

Leineweber auch mal mit Kräutern und/oder Knoblauch verfeinern.

Rievkooche

Die Rheinländer behaupten, daß es bei ihnen die besten Kartoffelpuffer gibt. Natürlich heißen sie dort Reibekuchen, auf Kölsch Rievkooche, anderswo Riwekauken. Die Berliner behaupten von sich das gleiche. Sie geben Grieß oder Mehl rein. Klar, daß jeder auf seine Variation schwört. In Köln werden Rievkooche aber nicht nur zum Mittagessen serviert, sondern auch über die Straße verkauft und „op der Hand" gegessen.

Zutaten für 4 Personen

1,5 kg große Kartoffeln
2 Zwiebeln
3 Eier
Salz
1/4 l Öl zum Braten

Kartoffeln schälen und unter kaltem Wasser waschen. Mit Haushaltspapier abtrocknen. Auf der Reibe (feine Seite) in eine Schüssel reiben. Zwiebeln schälen und auch reiben. Mit den Eiern reinschlagen. Salzen und gut verrühren.
Öl portionsweise in einer Pfanne erhitzen. Teig löffelweise reingeben. Zu glatten, kleinen, möglichst dünnen Fladen verstreichen. Auf jeder Seite in 3 Minuten goldbraun und knusprig backen. Rausnehmen. Öl abtropfen lassen. Sofort servieren.

Beilagen: Auch bei den Beilagen streiten sich die Experten. Viele machen es wie die Berliner und reichen Apfelmus und (oder) Preiselbeerkompott dazu. Apfelmus gibt's auch im Rheinland dazu. Außerdem Schwarzbrot mit Butter und starker schwarzer Kaffee. Aber Zuckerrübenkraut (Rübensaft) oder Apfelkraut sind genauso richtig wie frische Matjes mit grünen Bohnen und Zwiebelringen, die man im Ruhrgebiet zu Kartoffelpuffern serviert.

Pillekuchen

Zutaten für 4 Personen

---

500 g Kartoffeln
6 Eßlöffel Öl
Salz
100 g durchwachsener Speck
2 große Zwiebeln
Für den Eierkuchenteig:
100 g Mehl
3 Eier
Salz
$^{1}/_{4}$ l Milch

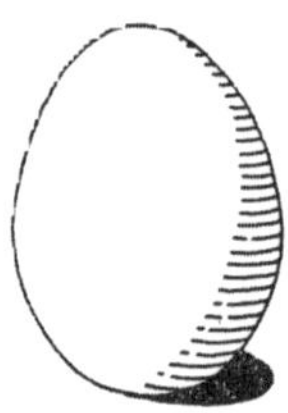

Hier haben Sie ein schmackhaftes, aber sparsames Gericht, das im Rheinland und in Westfalen gern zubereitet wird. Mal als Mittag-, mal als Abendessen. Man kann statt des Eierkuchenteigs auch nur 4 Eier mit etwas Milch und Salz verquirlen und sie über den fertigen Bratkartoffeln zu einem Pfannkuchen stocken lassen.

Kartoffeln schälen, waschen, trocknen und in knapp $^{1}/_{2}$ cm breite Streifen schneiden. Öl in einer Pfanne erhitzen. Kartoffeln reingeben, salzen, wenden und 20 Minuten braten. Speck und geschälte Zwiebeln würfeln. In einer anderen Pfanne 5 Minuten braten und zu den Kartoffeln geben. Mehl mit Eiern, Salz und Milch in einer Schüssel zu einem dünnflüssigen Eierkuchenteig rühren. Über die Kartoffeln gießen. Bei geringer Hitze 10 Minuten stocken lassen. Auf eine vorgewärmte Platte geben. Sofort servieren.
Beilage: Eine große Schüssel Kopfsalat.

Pillekuchen läßt sich fast beliebig variieren: Nehmen Sie statt Speck mal Schinken, geben Sie dünne Paprikastreifen rein oder streuen Sie reichlich Schnittlauch darüber.

Schnibbelskuchen

Zutaten für 4 Personen

750 g Kartoffeln
Salz
2 Zwiebeln
2 Eßlöffel Mehl
1 Ei
125 g durchwachsener Speck

Am Niederrhein und in den Nachbarländern ißt man den Schnibbelskuchen. Ein einfaches, aber leckeres Kartoffelgericht, dessen Name vom „schnibbeln" (kleinschneiden) kommt. Die Einheimischen vom Niederrhein servieren noch Buttermilchsuppe mit Graupen und Backpflaumen vorweg. Der Schnibbelskuchen hat eine auffallende Verwandtschaft mit der international bekannten Schweizer Rösti. Und das spricht für Qualität. So macht man Schnibbelskuchen:

Die Kartoffeln schälen und waschen. Dann auf der groben Reibe raffeln. Mit einem Küchenhandtuch trocknen. Die Kartoffelmasse in eine Schüssel geben und kräftig salzen.
Zwiebeln schälen und würfeln. Zu den Kartoffeln geben. Mehl und Ei verquirlen. Leicht salzen. Unter die Kartoffeln mischen. Speck in dünne Scheiben schneiden. In der Pfanne glasig werden lassen (etwa 3 Minuten). Portionsweise die Kartoffelmasse in die Pfanne einfüllen. Wie Pfannkuchen etwa 1 cm dick breitstreichen und auf jeder Seite in 6 Minuten goldbraun braten.
Ergibt 4 Schnibbelskuchen.
Wann reichen? Mit Buttermilchsuppe vorweg und Kopfsalat als Beilage zu Mittag. Oder mit Salat als Abendessen. Altbier schmeckt gut dazu.

Man kann das Ei auch weglassen und stattdessen nur das Mehl in die geraffelten Kartoffeln mischen.

Mittelrheinischer Kartoffelkuchen

Zutaten für 4 Personen

1,5 kg Kartoffeln
3 große Zwiebeln
Salz
Pfeffer
3 Eier
100 g durchwachsener Speck
8 Eßlöffel Öl

Ob Sie den Kartoffelkuchen vom Mittelrhein in den Städtchen um Koblenz, am Fuß des Westerwaldes, auf dem Westerwald oder in der Eifel essen, die Rezepte dieses mittelrheinischen Leibgerichtes variieren in ihren Zutaten. Aber Sie können sicher sein, daß alle ähnlich schmecken, ob sie nun Döppekooche, Duppes oder Deppedotz heißen. Wobei Döppe, Duppe und Deppe nichts anderes bedeutet als ein Topf, Kooche natürlich Kuchen und Dotz heißt ein Stück. Meist ißt man den Kartoffelkuchen an den ersten kalten Herbstabenden nach der Kartoffelernte. Liebhaber rustikalen Essens sind davon begeistert. Und mancher Feinschmecker hat sogar schon von diesem Kartoffelgenuß geschwelgt. Ein Essen, das Sie mit Freunden teilen sollten. So macht man es:

Kartoffeln waschen, schälen und in eine große Schüssel reiben. Möglichst auf einer feinen Handreibe. Das schmeckt besser. Kartoffelmasse fünf Minuten ruhen lassen. Dann setzt sich etwas Flüssigkeit ab. Masse kurz auf ein feines Sieb geben. Kartoffelwasser stehenlassen, damit sich die Kartoffelstärke absetzt. Wasser abgießen. Geriebene Kartoffeln und Stärke in eine Schüssel geben. Zwiebeln schälen. In die Kartoffelmasse reiben. Kräftig salzen und etwas pfeffern. Aufgeschlagene Eier mit einem Löffel kräftig unterrühren. Durchwachsenen Speck in dünne Scheiben schneiden. 4 Eßlöffel Öl in einen Brattopf von 24 cm Durchmesser (möglichst aus Gußeisen) geben. Darin verteilen, so daß der Topf innen eine

Ölschicht hat. Dann wird er mit den Speckscheiben ausgelegt. Kartoffelmasse noch mal umrühren und reinfüllen. Restliches Öl auf der Oberfläche verteilen. In den vorgeheizten Ofen auf die untere Schiene stellen. 75 Minuten bei 240 Grad backen. Aus dem Ofen nehmen. Döppekooche in 8 Tortenstücke teilen. Jeder bekommt zwei. Im Topf servieren.
Beilage: Apfelkompott. Auch Preiselbeerkompott kann man reichen. Und weil der Kartoffelkuchen richtig schön schwer ist, sollten Sie einen klaren Schnaps bereithalten. Der verteilt gut.

In manchen Gegenden gibt man zusätzlich ein eingeweichtes, ausgedrücktes Brötchen und $^{1}/_{4}$ l Milch (anstelle der Eier) in den Teig. Manchmal wird er auch in Schmalz mit Speck gebraten. Und mancher hebt den Kuchen nach der halben Garzeit aus dem Topf und gibt ihn umgekehrt wieder rein, damit beide Seiten die herrliche braune Kruste bekommen, die den Kartoffelkuchen so beliebt macht.

Oberbergischer Kartoffelblatz

Zutaten für 20 Scheiben

2,5 kg Kartoffeln
3 Eier
2 Teelöffel Salz
Butter oder Margarine zum Einfetten

Im oberbergischen Land zwischen Rhein und Ruhr findet man noch eine Reihe schlichter, aber sehr interessanter Spezialitäten, die auch in traditionsbewußten Gasthöfen noch auf der Speisekarte stehen. Der oberbergische Kartoffelblatz gehört zu diesen Spezialitäten.

Kartoffeln schälen, in kaltem Wasser waschen, abtropfen lassen und reiben oder im Mixer pürieren. Ein großes Sieb mit einem Küchentuch auslegen. Kartoffeln reinschütten und abtropfen lassen, dann gut ausdrücken. Mit Eiern und Salz mischen.

Eine 30 cm lange Kastenform gut einfetten. Den Teig reinfüllen. Form in den vorgeheizten Ofen auf die untere Schiene stellen.
85 Minuten bei 250 Grad backen. Blatz aus der Form lösen und völlig erkalten lassen.
Vor dem Servieren in 20 Scheiben schneiden. Jede Scheibe in heißer Butter auf beiden Seiten knusprig braun braten.

Kartoffelblatz mit Schwarzbrot, Butter und Apfelmus servieren.

Bratkartoffeln aus rohen Kartoffeln

Dieses rheinische Kartoffelrezept kennen Sie vielleicht unter seinem Originalnamen: „Schiewe en de Pann“ (Scheiben in der Pfanne). Für Nichtrheinländer haben wir die Übersetzung gewählt.

Zutaten für 4 Personen

1 kg Kartoffeln
1/8 l Öl
2 große Zwiebeln
Salz
Pfeffer

Die Kartoffeln schälen, waschen, trocknen. In feine Scheiben schneiden. Öl in einer großen Pfanne sehr heiß werden lassen. Kartoffeln darin scharf anbraten. Dabei einige Male umdrehen. Zwiebeln schälen. Fein hacken. Auf die Kartoffeln geben. Salzen und pfeffern. In 25 Minuten gar braten.

Wirsinggemüse

Den Wirsing von den harten äußeren Blättern befreien, waschen und vierteln. In kochendem Wasser mit Natron 20 Minuten kochen lassen. In ein Sieb schütten und kalt abschrecken. Wirsing gut abtropfen lassen, ausdrücken und durch den Fleischwolf drehen.
Speck in Würfel schneiden. In einem Topf die Margarine erhitzen, Speckwürfel zugeben und auslassen. Mit Mehl bestäuben und 2 Minuten rösten, mit der heißen Fleischbrühe ablöschen und zugedeckt 5 Minuten köcheln lassen. Mit Salz, Pfeffer und reichlich Muskat abschmecken. Den durchgedrehten Wirsing hinzufügen, mit der Soße vermischen und noch einige Minuten kochen lassen.

Zutaten für 4 Personen

1 Wirsingkopf
1 Messerspitze Natron
200 g fetter Speck
30 g Margarine
50 g Mehl
1/4 l Fleischbrühe
Salz
Pfeffer
geriebene Muskatnuß

Dicke Bohnen mit Speck

Zutaten für 4 Personen

2,5 kg frische große Bohnen
150 g frischgeräucherter Schinkenspeck
20 Frühlingszwiebeln (ohne Grün)
1 große Zwiebel
1 Bund Suppengrün
1 Eßlöffel Schweineschmalz oder Öl
3/8 l Fleischbrühe
2 Stengel Bohnenkraut
Salz
Pfeffer
2 Eßlöffel Crème fraîche
2 Eßlöffel gehackte Petersilie

Die Bohnenkerne aus den Hülsen lösen und waschen. Den Schinkenspeck in kleine Würfel schneiden. Die Frühlingszwiebeln waschen. Die große Zwiebel schälen und ebenso wie das Suppengrün in Würfel schneiden.

Das Fett in einem Schmortopf zerlassen und den Speck darin glasig braten. Die Gemüse zu dem Speck geben und kurz durchrösten. Die Bohnenkerne hinzufügen und ebenfalls leicht anschmoren. Das Gemüse mit der Brühe aufgießen, das Bohnenkraut, Salz, Pfeffer dazugeben und die Bohnen bei mittlerer Hitze in ca. 40 Minuten gar kochen.

10 Minuten vor Ende der Kochzeit den Deckel abnehmen, damit die Flüssigkeit ganz einkocht. Die Crème fraîche an das Gemüse geben und aufkochen lassen. Mit der Petersilie bestreut servieren.

Beilage: neue Kartoffeln.

Sauerkraut mit weißen Bohnen

Dieses deftige Gericht vom Niederrhein hat inzwischen einen großen Teil der deutschen Küche erobert. So ist es zum Beispiel auch in Hamburg bekannt. Dort werden allerdings die Bohnen extra gekocht. Sie müssen ganz weich und sämig sein und dienen als Bindemittel. Am Niederrhein werden sie zusammen mit dem Sauerkraut gekocht.

Zutaten für 4 Personen

250 g weiße Bohnen
1 l Wasser
500 g Schweinebauch
500 g Sauerkraut
2 Zwiebeln
10 Wacholderbeeren
5 Pfefferkörner
Salz
weißer Pfeffer
Zucker
75 g durchwachsener Speck

Bohnen waschen und abtropfen lassen. In eine Schüssel geben. Mit Wasser bedeckt über Nacht weichen lassen. Bohnen mit dem Einweichwasser zum Kochen bringen. 50 Minuten kochen lassen. Schweinebauch mit kaltem Wasser abspülen, abtropfen lassen. Zu den Bohnen mit dem Einweichwasser geben. Sauerkraut zufügen. 15 Minuten kochen. Zwiebeln schälen und würfeln. Zusammen mit Wacholderbeeren und Pfefferkörnern zugeben. Zugedeckt weitere 45 Minuten kochen lassen. Mit Salz, Pfeffer und Zucker abschmecken. Speck fein würfeln. In einer Pfanne in 10 Minuten knusprig braten. Sauerkraut und Bohnen in eine vorgewärmte Schüssel füllen. Mit dem heißen Speck begießen. Fleisch in Scheiben schneiden und getrennt servieren.

Man kann in das Sauerkraut auch etwas Schweineschmalz geben und den ausgelassenen Speck dann über das Kartoffelpüree gießen, das wir als Beilage vorschlagen.

Leipziger Allerlei

Zutaten für 4 Personen

200 g Karotten oder Möhren
1/2 Blumenkohl (200 g)
250 g frischer Spargel
1/4 l Wasser
50 g Butter
Salz
1 Prise Zucker
300 g tiefgekühlte Erbsen extra fein
30 g Mehl
geriebene Muskatnuß
3 Eßlöffel Sahne
1 Bund Petersilie

Was hat die rheinische Küche mit dem sächsischen Leipziger Allerlei zu tun? Es wurde ganz einfach ins Kochrepertoire übernommen, weil es so gut schmeckte und ein passender Begleiter zum Sonntagsbraten war. Dabei wurde aber auf die klassische Zubereitungsart mit Zutaten wie Morcheln, Krebsbutter und Krebsfleisch verzichtet.

Karotten oder Möhren und Blumenkohl putzen. Karotten ganz lassen, Möhren in Würfel schneiden. Blumenkohl in Röschen teilen. Spargel dünn schälen. Gemüse in kaltem Wasser kurz waschen. Abtropfen. Wasser mit 20 g Butter, Salz und Zucker in einem Topf aufkochen. Karotten reingeben. Blumenkohlröschen und Spargelstücke 5 Minuten später. 10 Minuten bei schwacher Hitze garen. Die unaufgetauten Erbsen zufügen. Weitere 10 Minuten garen. Gemüse auf einem Sieb gut abtropfen lassen. Das Gemüsewasser dabei auffangen.
Restliche Butter im Topf erhitzen. Mehl reinstreuen. Goldgelb anschwitzen. Unter Rühren Gemüsewasser angießen. 5 Minuten kochen. Mit geriebener Muskatnuß abschmecken. Sahne zugeben. Gemüse reingeben und heiß werden, aber nicht mehr kochen lassen. Leipziger Allerlei in einer vorgewärmten Schüssel anrichten. Petersilie abbrausen, trockentupfen und hacken. Drüberstreuen.

Apfelrotkohl

Wenn in einigen Gegenden des Rheinlandes am 11. November die Martinsgans im Backofen schmort, köchelt auf der Herdplatte der Apfelrotkohl. Beide Düfte vermischen sich aufs köstlichste.

Rotkohl putzen und in Streifen schneiden. Zwiebelscheiben in Schmalz glasig braten. Knapp 1/4 l Wasser zugießen. Aufkochen und mit den übrigen Zutaten – bis auf die Speisestärke – mischen. Rotkohl und Äpfel reingeben. Topf zudecken. 60 Minuten dünsten. Dabei gelegentlich mal umrühren. Mit Speisestärke binden und abschmecken.

Zutaten für 4 Personen

750 g Rotkohl
3 Äpfel
1 Zwiebel
30 g Schmalz
1/2 Lorbeerblatt
3 Wacholderbeeren
2 Pfefferkörner
1 Nelke
30 g Zucker
Essig
10 g Speisestärke

Erbspüree

Die Rheinländer haben seit jeher ein gutes Verhältnis zu Erbsen. Wie die Berliner servieren sie das Erbspüree zu Eisbein mit Sauerkraut.

Erbsen über Nacht in Wasser einweichen. Am nächsten Tag mit Majoran im Einweichwasser erhitzen. Gekörnte Brühe zufügen. Mit Salz und Pfeffer würzen. 2 Stunden kochen, bis die Erbsen dick eingekocht sind. Eventuell Wasser nachgießen.
Zwiebel schälen und in Ringe schneiden. Speck würfeln. Butter in einer Pfanne erhitzen, Speckwürfel darin glasig werden lassen. Zwiebelringe zugeben und goldgelb braten. Warm stellen. Erbsen durch ein Sieb streichen. Erbspüree auf einer Platte anrichten, Speck-Zwiebel-Mischung drübergeben.

Zutaten für 4 Personen

650 g getrocknete gelbe oder grüne Erbsen
1 1/2 l Wasser
1 Teelöffel zerriebener Majoran
1 Teelöffel gekörnte Brühe (Fertigprodukt)
Salz
Pfeffer
Für die Garnierung:
1 Zwiebel
20 g geräucherter Speck
20 g Butter

Schwarzwurzeln mit Holländischer Soße

Zutaten für 4 Personen

1 kg Schwarzwurzeln
3 Eßlöffel Essig
$^3/_4$ l Wasser
Salz
3 Eßlöffel Zitronensaft
$^1/_2$ l Holländische Soße (siehe unser Rezept)
1 Bund Petersilie

Es ist noch nicht so lange her, da war Spargel ein kostbares Gemüse, das sich nicht jeder leisten konnte. Daher der Spruch: „Schwarzwurzeln sind der Spargel des armen Mannes".

Schwarzwurzeln gründlich unter kaltem Wasser abbürsten (am besten, Sie ziehen Gummihandschuhe an, sonst bekommen Sie braune Flecken, die nur schwer mit Essigwasser zu entfernen sind). Schaben und in eine Schüssel mit Essigwasser legen, bis alle Wurzeln geschält sind. Wasser in einem länglichen Topf mit Salz und Zitronensaft aufkochen. Die Schwarzwurzeln reinlegen und zugedeckt 30 Minuten kochen lassen.
In der Zwischenzeit die Holländische Soße nach unserem Rezept zubereiten. Petersilie unter kaltem Wasser abspülen, trockentupfen und hacken. Schwarzwurzeln abtropfen lassen. Auf einer vorgewärmten Platte wie Stangenspargel anrichten. Diagonal mit einem breiten Streifen Petersilie garnieren. Holländische Soße zu beiden Seiten der Petersilie über die Schwarzwurzeln verteilen oder getrennt reichen.
Beilagen: Rinderrouladen oder Schweineschnitzel und Petersilienkartoffeln.

Holländische Soße

Zutaten für 4 Personen

250 g Butter
3 Eigelb
3 Eßlöffel Wasser
1 Eßlöffel Zitronensaft
Salz
weißer Pfeffer
Cayennepfeffer

Butter in einem Topf zerlassen, aber nicht erhitzen. Eigelb mit Wasser, Zitronensaft und Salz in einen Topf geben. Ins heiße Wasserbad stellen. Mit einem Schneebesen rühren, bis die Masse cremig ist. Topf aus dem Wasserbad nehmen. Flüssige Butter nach und nach unterziehen. Zuerst teelöffel-, dann eßlöffelweise. Mit Salz, Pfeffer und Cayennepfeffer abschmecken. Sofort servieren. Soße bitte nicht wieder aufwärmen, sonst gerinnt sie.

Es gibt übrigens auch eine unechte Holländische Soße: 40 g Butter oder Margarine werden in einem Topf erhitzt. Dann streut man 40 g Mehl rein und läßt es unter Rühren gut durchschwitzen. Unter weiterem Rühren werden 1/4 l heiße Fleischbrühe aus Würfeln oder Gemüsebrühe und 1/4 l Milch reingegeben. Nachdem die Soße 5 Minuten gekocht hat, wird sie mit Salz, Muskat und Zitronensaft gewürzt. Zum Schluß werden noch ein verquirltes Eigelb und 20 g Butter mit dem Schneebesen reingeschlagen.

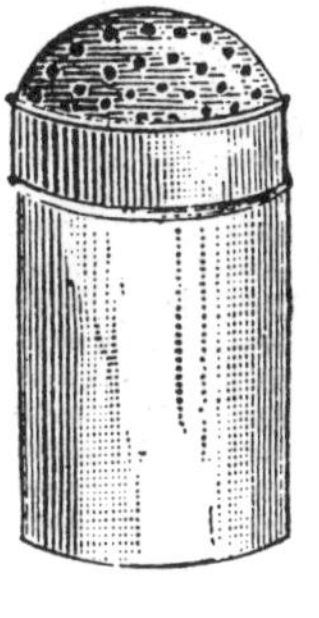

Rübstielmus

Zutaten für 4 Personen

1 kg Rübstiele
20 g Margarine
Salz
Für die Soße:
30 g Margarine
20 g Mehl
1/4 l Milch
Salz
weißer Pfeffer
geriebene Muskatnuß

Die jungen Stiele der Speiserübe kennt man am Niederrhein, in Westfalen und im Ruhrgebiet als Rübstielgemüse bzw. Stielmus. Schade, daß es nicht weiter verbreitet ist, denn es gehört zu den köstlichsten Frühlingsgemüsen.

Rübstiele von dunkelgrünen Blatt-Teilen befreien, gründlich waschen und gut abtropfen lassen. In 4 bis 5 cm lange Stücke schneiden. Margarine in einem Topf erhitzen, Rübstielstücke reingeben, salzen und im geschlossenen Topf in 10 Minuten gar dünsten. Zwischendurch hin und wieder vorsichtig umrühren, damit das Gemüse nicht anbrennt.
In der Zwischenzeit für die Soße Margarine in einem Topf erhitzen, Mehl darin unter Rühren in 2 Minuten anschwitzen, mit Milch ablöschen und 5 Minuten kochen lassen. Mit Salz, Pfeffer und Muskatnuß abschmecken, zum Gemüse geben. Gut umrühren und in einer vorgewärmten Schüssel servieren.
Wozu reichen? Mit Salzkartoffeln zu gebratenen Leberschnitten mit Zwiebelringen, zu Falschem Hasen, Koteletts oder Frikadellen oder zu rheinischer Bratwurst. Dazu empfehlen wir Ihnen gut gekühltes Bier.

Das Rübstielgemüse schmeckt noch herzhafter, wenn Sie es in Schweineschmalz oder in feingewürfeltem geräuchertem Speck dünsten.

Grünkohl mit Mettwurst

Der Grünkohl, auch „Moos“ genannt, wird am Rhein und in Westfalen am liebsten mit Speck und Mettwurst auf den Tisch gebracht. Auf keinen Fall darf vergessen werden, ihn mit Pfeffer und Muskat zu würzen.

Zutaten für 4 Personen

750 g Grünkohl
75 g Schweineschmalz
2 Zwiebeln
Salz
1/4 l Fleischbrühe
1 rohe Kartoffel
Pfeffer
Muskat
250 g Räucherspeck
250 g Mettwurst

Kohl von den Stielen befreien, waschen und in eine große Schüssel füllen. Mit kochendem Wasser übergießen und nach 2 Minuten abtropfen lassen. Den Kohl nach Belieben fein oder grob hacken. Die Zwiebeln schälen und in Würfel schneiden. Schmalz in einem großen Topf erhitzen und die Zwiebelwürfel darin anrösten. Den Kohl dazugeben und kurz mitrösten. Salzen, die Fleischbrühe angießen und den Speck zugeben. 30 Minuten zugedeckt schmoren lassen.
Die Kartoffel schälen, waschen und an den Kohl reiben. Mettwurst ganz oder in Scheiben geschnitten zufügen und alles noch weitere 20 Minuten garen. Den Kohl mit Salz, Pfeffer und Muskatnuß abschmecken.
Beilage: Pell- oder Salzkartoffeln.

Fleisch- und Fischgerichte

Rheinischer Sauerbraten

Zutaten für 4 Personen

1 kg Rinderbraten
80 g fetter Speck, in Streifen geschnitten
Pfeffer aus der Mühle
Salz
1 Eßlöffel Öl
1 Eßlöffel Butter
2 Zwiebeln
2 Möhren
1 Petersilienwurzel
1 Stück Kalbsfuß oder Schweineschwarte
1–2 Soßenprinten oder 50 g Lebkuchen oder 50 g Pumpernickel
100 g kernlose Rosinen
30 g in Streifen geschnittene Mandeln
1 Eßlöffel Apfelkraut oder Johannisbeergelee
Für die Marinade:
1/4 l Rotwein
1/4 l Rotweinessig
1/2 Lorbeerblatt
3 Nelken
12 zerstoßene Pfefferkörner
4 zerquetschte Wacholderbeeren
1 Stück Ingwerwurzel
1 Stück Schale von 1 unbehandelten Zitrone

Sauerbraten ist eines der bekanntesten Rezepte des Rheinlandes und über seine Grenzen hinaus beliebt.

Das Fleisch kurz waschen und trockentupfen. Für die Marinade Rotwein und Essig mit allen Gewürzen aufkochen und erkalten lassen. Das Fleisch in eine Schüssel geben, die wenig größer als der Braten ist, und mit der Marinade übergießen. Das Fleisch soll von der Flüssigkeit fast bedeckt sein. Zugedeckt 2–3 Tage kühlstellen. Das Fleisch herausnehmen und mit Küchenpapier trockentupfen. Mit den in Pfeffer gewendeten Speckstreifen spicken und salzen.
Öl und Butter in einem Schmortopf erhitzen und das Fleisch darin von allen Seiten anbraten. Zwiebeln, Möhren und Petersilienwurzel putzen, in Streifen schneiden und kurz mit andünsten. Mit der durchgesiebten Marinade übergießen, den Kalbsfuß oder die Schwarte in den Topf geben und Lebkuchen oder Pumpernickel in die Marinade bröckeln. Den Topf mit einem Deckel fest verschließen und das Fleisch bei leichter Hitze auf dem Herd oder auf der unteren Schiene im Backofen bei 180 Grad in 3 Stunden weich schmoren lassen.
Das Fleisch herausnehmen und warm stellen. Kalbsfuß oder Schwarte herausfischen. Die Soße, wenn nötig, mit etwas Rotwein verlängern. Rosinen und Mandeln an die Soße geben und mit dem Apfelkraut oder dem Johannisbeergelee abschmecken.

Das Fleisch in Scheiben schneiden und mit etwas Soße übergießen. Den Rest der Soße getrennt servieren.
Beilage: Kartoffelpuffer, Kartoffelklöße, Nudeln, Spätzle oder Kartoffeln, Apfelkompott oder Backobst, Preiselbeeren.

Rheinische Schnitzel

Zutaten für 4 Personen

8 Eßlöffel Paniermehl
1 Ei
4 dünne Schweineschnitzel (à 180 g)
Salz
schwarzer Pfeffer
Butterschmalz zum Braten
4 Sardellenfilets
1–2 Eßlöffel Kapern

Das Paniermehl auf einen flachen Teller schütten. Das Ei in einem Suppenteller gut verquirlen. Die Schweineschnitzel mit der flachen Seite des Fleischklopfers flachklopfen, anschließend trockentupfen. Das Fleisch salzen, pfeffern und durch das verquirlte Ei ziehen. Anschließend im Paniermehl mehrmals wenden und die Panade gut andrücken.
Butterschmalz in einer großen Pfanne mit hohem Rand erhitzen. Die Schnitzel darin auf jeder Seite 3 Minuten bei mittlerer Hitze goldbraun braten. Herausnehmen und warm stellen.
Die Sardellenfilets mit kaltem Wasser abspülen, trockentupfen und längs halbieren. Auf jedes Schnitzel zwei Sardellenstreifen über Kreuz legen und mit Kapern bestreuen.

Hasenpfeffer rheinische Art

Zutaten für 4 Personen

1 bratfertiger Hase von 4 kg
2 Zwiebeln
1 Möhre
8 Pfefferkörner
Für die Beize:
1/4 l roter Weinessig
1/4 l Rotwein
1 Glas (2 cl) Weinbrand
Außerdem:
200 g durchwachsener Speck
2 Zwiebeln
1 Bund Suppengrün
1/4 l heiße Fleischbrühe
Salz
Für die Soße:
50 g Honigkuchen
4 Eßlöffel Beize
3 Eßlöffel Johannisbeergelee

Hasenpfeffer wird zwar abgepackt angeboten. Aber Feinschmecker behaupten, Hasenpfeffer schmeckt am allerbesten, wenn er vom ganzen Hasen gemacht wird. Das ist zwar etwas kostspieliger und zeitraubender, aber wirklich sehr, sehr schmackhaft. Das Wort Pfeffer im Zusammenhang mit Fleischgerichten kommt übrigens aus der französischen Küche. Damit wurden immer pikant gewürzte Ragouts bezeichnet. Früher wurden sie mit Blut gedickt. Aber das gibt's kaum noch. Dazu nimmt man heute Mehl.

Hasen innen und außen unter fließendem Wasser gründlich abspülen. Mit Haushaltspapier trockentupfen. Mit einem scharfen Messer und einer Geflügelschere in handtellergroße Stücke schneiden.
Zwiebeln schälen, in sehr dünne Ringe schneiden. Möhren putzen, waschen, in Streifen schneiden. Fleisch, Zwiebelringe, Möhrenstreifen und Pfefferkörner abwechselnd in einen Steinguttopf oder in eine Schüssel schichten. Weinessig, Rotwein und Weinbrand in eine Schüssel gießen. Zur Beize mischen. Über das Fleisch verteilen. Zugedeckt 4 bis 5 Stunden ziehen lassen.
Durchwachsenen Speck in 1/2 cm große Würfel schneiden. In einem großen Topf glasig braten. Hasenteile abtropfen lassen und gut trockentupfen. 10 Minuten im Speck rundherum braun anbraten. Zwiebeln schälen, Suppengrün putzen und waschen. Beides würfeln. In den Topf geben. 5 Minuten anbraten. Fleischbrühe dazu gießen.

Leicht salzen. Topf schließen und den Hasenpfeffer in 60 Minuten gar schmoren.
In dieser Zeit für die Soße den Honigkuchen fein reiben. Fleischstücke in eine Schüssel geben und warm stellen. Fond durch ein Sieb in einen Topf gießen, einmal aufkochen lassen. Beize und Johannisbeergelee glattrühren. Mit dem Honigkuchen in den Fond geben. Unter Rühren zu einer sämigen Soße kochen. Über die Fleischstücke gießen und sofort servieren.
Beilage: Kartoffelklöße oder Salzkartoffeln und Kopfsalat. Als Getränke passen sowohl Rotwein als auch Bier dazu.

Den süß-sauren Geschmack dieses Gerichtes kann man intensivieren, indem man als Beilage Backobst serviert, das mit einem Schuß Essig und etwas Senfpulver gewürzt ist.

Eisbein mit Sauerkraut

Zutaten für 4 Personen

Für das Eisbein:
4 Portionen Eisbein (etwa 2 kg)
3 l Wasser
Salz
2 Zwiebeln
2 Lorbeerblätter
4 Pfefferkörner
5 Gewürzkörner (Piment)
1 Prise Zucker

Für das Sauerkraut:
60 g Schweineschmalz
500 g Sauerkraut
1 Zwiebel
5 Gewürznelken
1/2 Lorbeerblatt
4 Wacholderbeeren
1 Prise Zucker

Im In- und Ausland gilt Eisbein als eines der deutschen Nationalgerichte. Und zweifellos ist es in einigen Gegenden sehr beliebt, vor allem im Rheinland und in Berlin, wo es ein traditioneller Richtfestschmaus ist. Allerdings ist es nicht gerade kalorienarm. Die typischen Beilagen sind Sauerkraut und Kartoffelbrei, manchmal auch Erbspüree. Als Getränk paßt am besten Bier dazu. Hinterher sollten Sie auf jeden Fall ein Schnäpschen reichen – wegen der besseren Verträglichkeit!

Eisbein unter kaltem Wasser abspülen. In kochendes gesalzenes Wasser geben. Geschälte Zwiebeln grob würfeln oder achteln. Mit den Gewürzen zum Eisbein geben. Etwa 90 Minuten leise kochen lassen.
Nach etwa 45 Minuten das Sauerkraut zubereiten. Dazu Schmalz in einem Topf gut heiß werden lassen. Sauerkraut mit zwei Gabeln etwas auseinanderzupfen. Reingeben. Zwiebel schälen. Mit den Gewürznelken spicken. Zusammen mit dem Lorbeerblatt, den Wacholderbeeren und dem Zucker dazugeben. Alles schwach kochen lassen. Nach 40 bis 45 Minuten ist das Sauerkraut gar. Auf eine Platte geben.
Eisbein aus der Kochbrühe nehmen. Abtropfen lassen. Auf dem Sauerkraut anrichten.
Beilagen: Erbspüree und Kartoffelbrei.

Die Eisbeinbrühe können Sie prima als Grundlage für Kartoffelsuppe, Erbsensuppe oder Eintopf-Gerichte verwenden.

Schweinerippchen mit Backpflaumen

Damit Sie es beim Füllen leichter haben, lassen Sie sich die Rippen schon vom Fleischer knicken. Dann brauchen Sie zu Hause die Rippen nur umzubiegen.

Die am Vorabend in kaltem Wasser eingeweichten Pflaumen und Rosinen auf einem Sieb gut abtropfen lassen. In einer Schüssel mit Paniermehl, Zucker und einer Prise Salz mischen. Rum drübergießen. Zugedeckt 10 Minuten ziehen lassen.

Fleisch unter fließend kaltem Wasser abspülen, mit Haushaltspapier gut trocknen. Die Innenseite mit Zwiebelsalz und Pfeffer einreiben. Die Füllung hineingeben. Die Rippen umknicken, so daß die Füllung ganz zugedeckt ist. Dann die Öffnung mit Rouladengarn zunähen. Fleisch außen auch mit Zwiebelsalz und Pfeffer einreiben.

Kokosfett oder Butterschmalz im Bräter erhitzen. Fleisch darin in 10 Minuten rundherum braun anbraten. Mit Fleischbrühe ablöschen. Zugedeckt 90 Minuten schmoren lassen. Nach und nach Wasser zugießen und das Fleischstück gelegentlich mit Bratfond übergießen.

Fleisch rausnehmen, in 2 cm dicke Scheiben schneiden und auf einer vorgewärmten Platte warm stellen. Speisestärke in einem Becher mit etwas kaltem Wasser glattrühren. In den Fond rühren. Soße 2 Minuten kochen lassen. Vom Herd nehmen. Soße abschmecken und getrennt servieren.

Beilagen: Rotkohl oder Sauerkraut und Salzkartoffeln oder Kartoffelklöße.

Zutaten für 4 Personen

Für die Füllung:
150 g Backpflaumen
50 g kernlose Rosinen
10 g Paniermehl
1 Teelöffel Zucker
Salz
1 Glas (2 cl) Rum (40%)
Für den Braten:
800 g Schweinerippchen
Zwiebelsalz
weißer Pfeffer
20 g Kokosfett oder Butterschmalz
1/8 l heiße Fleischbrühe
1/4 l heißes Wasser
10 g Speisestärke

Rinderrouladen

Zutaten für 4 Personen

4 Rinderrouladen von je 150 g (aus der Keule geschnitten)
1 Teelöffel scharfer Senf
weißer Pfeffer
Salz
50 g fetter Speck
1 große Zwiebel
2 große Gewürzgurken
50 g Kokosfett oder 5 Eßlöffel Öl
3/8 l heißes Wasser
4 Pfefferkörner
1/2 Lorbeerblatt
1 Eßlöffel Speisestärke

Es ist schwer, von einer typisch deutschen Küche zu sprechen. Dazu ist sie in den einzelnen Gegenden zu unterschiedlich. Aber die Rinderroulade kann man getrost als ein typisch deutsches Gericht bezeichnen. In manchen Gegenden des Rheinlandes besteht die Füllung lediglich aus einer Scheibe durchwachsenen Specks. Hier die Variation mit Speck, Zwiebel und Gurke.

Rouladen mit Haushaltspapier abtupfen. Mit dem Handballen leicht flachdrücken. Mit Senf bestreichen, mit Pfeffer und Salz bestreuen, Speck in dünne, 1/2 cm breite Streifen schneiden. Zwiebel schälen und halbieren. Gurken abtropfen lassen. Zusammen mit den Zwiebeln in dünne Streifen schneiden.
Speck, Zwiebeln und Gurken auf die Rouladen verteilen. Aufrollen. Mit Rouladenklammern, mit Spießchen oder mit Rouladengarn zusammenhalten. Kokosfett oder Öl in einem Topf rauchheiß erhitzen. Rouladen darin rundherum in 15 Minuten braun anbraten. Wasser zugießen. Pfefferkörner und Lorbeerblatt in den Topf geben. Rouladen zugedeckt 80 Minuten schmoren lassen. Rausnehmen und auf einer vorgewärmten Platte warm stellen. Speisestärke mit etwas kaltem Wasser in einem Becher glattrühren. Bratfond damit binden, einmal aufkochen lassen. Soße durch ein Sieb gießen. Mit Salz und Pfeffer pikant abschmecken und gesondert servieren.
Beilagen: Apfelrotkohl, Rosenkohl oder Schwarzwurzeln und Salzkartoffeln.

Schweinepfeffer

Zutaten für 4 Personen

750 g Schweinefleisch aus der Keule
50 g durchwachsener Speck
1 Zwiebel
schwarzer Pfeffer
1 Teelöffel Paprika edelsüß
$^{3}/_{8}$ l heiße Fleischbrühe
20 g Mehl
Salz

Fleisch unter kaltem Wasser abspülen. Mit Haushaltspapier abtrocknen und in 2 bis 3 cm große Würfel schneiden. Speck fein würfeln. In einem Topf in 3 Minuten glasig braten. Zwiebel schälen, würfeln und im Speckfett 3 Minuten braten. Dann das Fleisch in den Topf legen. Rundherum in 10 Minuten anbraten. Kräftig mit Pfeffer und Paprika würzen.
Nach und nach die heiße Fleischbrühe zugießen. 60 Minuten zugedeckt bei schwacher Hitze schmoren lassen.
Mehl mit wenig kaltem Wasser in einem Becher verquirlen. In den Schweinepfeffer rühren und noch 10 Minuten kochen lassen. Mit Salz und Pfeffer würzen. In einer vorgewärmten Schüssel servieren.
Beilagen: Gewürzgurken, Rote Bete oder Kopfsalat und Salzkartoffeln.

Schweinepfeffer wird noch etwas kräftiger im Geschmack, wenn Sie das Fleisch vorher beizen. Für die Beize je 1 Möhre, Zwiebel und Petersilienwurzel, geputzt und kleingeschnitten, mit 1 Lorbeerblatt, 5 Gewürzkörnern und dem gewürfelten Fleisch in einem Steinguttopf mischen. Mit je $^{1}/_{8}$ l Weißwein und Weinessig übergießen. Zugedeckt 24 Stunden an einem kühlen Ort ziehen lassen. Die Zubereitung ist die gleiche wie im oben angegebenen Rezept. Wenn Sie 3 Eßlöffel Beize in den Bratfond geben, wird die Soße noch pikanter.

Martinsgans

Zutaten für 6 Personen

1 bratfertige Frühmastgans von 4 kg
Salz
weißer Pfeffer
500 g Kastanien
4 kleine Äpfel
1 Teelöffel getrockneter Beifuß
$^3/_8$ l heißes Wasser
4 Eßlöffel helles Bier
2 Eßlöffel Rotwein
1 Eßlöffel Speisestärke
1 Bund Petersilie

Gans unter kaltem Wasser innen und außen abspülen. Mit Haushaltspapier abtrocknen. Mit Salz und Pfeffer einreiben. Die Kastanien an der Innenseite mit einem spitzen Messer einritzen, bei 175 Grad in den Backofen geben und etwa 40 Minuten rösten. Dann herausnehmen, etwas abkühlen lassen und schälen, dabei auch die feinen Häutchen entfernen.
Äpfel schälen und in Scheiben schneiden. Mit den Kastanien in die Gans füllen. Beifuß reinstreuen. Mit Zahnstochern zustecken. Gans mit der Brustseite nach unten in einen Bräter legen. Die Haut mit einer Gabel mehrmals einstechen, damit das Fett austreten kann. $^1/_4$ l heißes Wasser zugießen. Bräter in den vorgeheizten Ofen auf die mittlere Schiene stellen. 150 Minuten bei 250 Grad braten. Zwischendurch immer wieder mit Bratfond begießen. Nach 70 Minuten wenden. 15 Minuten vor Ende der Garzeit das Bier drübergießen.

Gans aus dem Ofen nehmen und auf einer Platte warm stellen. Fett vom Bratfond abschöpfen. Fond mit restlichem Wasser loskochen. Durchsieben. Rotwein und Speisestärke in einem Becher anrühren und die Soße damit binden. Abschmecken. Gans mit gewaschener, trockengetupfter Petersilie garniert servieren. Soße getrennt reichen.
Beilagen: Rotkohl und Kartoffelklöße.

Sie können zusätzlich noch 100 g Rosinen in die Gans füllen.

Rheinischer Tippehase

Den Hasen in portionsgroße Stücke zerlegen. Die Zwiebeln schälen und in große Stücke schneiden. Butterschmalz in einer großen Kasserolle erhitzen. Zwiebelstücke darin anschmoren, Fleisch, Speckwürfel, Schwarzbrotbrösel, Rotwein, Essig, Fleischbrühe, Zitronenschale, Salz, Pfeffer und Thymian zugeben. Topf gut verschließen und den Hasen bei schwacher Hitze in 70–80 Minuten weich schmoren.
Die Soße mit saurer Sahne binden. Nach Belieben mit etwas Hasenblut und Zucker abschmecken. Noch einmal aufkochen lassen.

Zutaten für 4 Personen

1 Hase von etwa 4 kg
3 Zwiebeln
Butterschmalz zum Braten
200 g Speck in Würfel geschnitten
125 g Schwarzbrotbrösel
1 Glas Rotwein
1 Eßlöffel Essig
1/2 l Fleischbrühe
abgeriebene Schale einer halben Zitrone
Salz
Pfeffer
Thymian
200 g saure Sahne

Schlodder Kappes

Die Kartoffeln schälen und in Würfel schneiden. Die Kohlblätter vom Kopf lösen und die dicken Rippen flachschneiden. Die Kohlblätter in eine große Schüssel legen und mit kochendem Wasser überbrühen. In einem Sieb abtropfen lassen.
In der Zwischenzeit das Schweinefleisch in Würfel schneiden. In einen breiten Topf abwechselnd Kohlblätter, Fleisch und Kartoffeln schichten. Zwischen jede Lage Salz, Pfeffer und Kümmel streuen. Die Fleischbrühe zugießen den Topf schließen und bei mittlerer Hitze 1 Stunde köcheln lassen. Im Topf servieren.

Zutaten für 4 Personen

1 kg Kartoffeln
1 kg Weißkohl (Kappes)
600 g Schweinefleisch
Salz
Pfeffer
Kümmel
3/4 l Fleischbrühe

Hammelkeule altrheinisch

Zutaten für 6 Personen

1 Hammelkeule von 2 kg
Für die Beize:
1 1/2 l Buttermilch
1/4 l Essig
1/4 l Wasser
3 Zwiebeln
2 Möhren
1 Lorbeerblatt
3 Wacholderbeeren
Salz
15 g Zucker
schwarzer Pfeffer
150 g geräucherter fetter Speck
Salz
weißer Pfeffer
6 Eßlöffel Öl oder 50 g Kokosfett
1 l heißes Wasser
Für die Soße:
je 1 Bund Petersilie und Schnittlauch
2 Teelöffel Speisestärke
1/4 l saure Sahne
weißer Pfeffer

Hammelkeule vom Knochen lösen. Eventuell häuten. Überflüssiges Fett abschneiden. Für die Beize Buttermilch, Essig und Wasser in eine Steingutschüssel gießen. Zwiebeln schälen, in Scheiben schneiden. Möhren putzen, waschen, in Scheiben schneiden. Beides mit dem zerkrümelten Lorbeerblatt und den zerdrückten Wacholderbeeren in die Beize geben. Beize mit Salz und Zucker würzen. Aus der Pfeffermühle kräftig Pfeffer drübermahlen. Die ausgelöste Hammelkeule reinlegen und 2 Tage lang zugedeckt beizen. Dabei gelegentlich wenden.

Hammelkeule aus der Beize nehmen. Mit Haushaltspapier abtupfen. Beize durchsieben. Gemüse aufheben. Speck, der im Eisfach des Kühlschrankes fest geworden ist, in feine Streifen schneiden. Keule mit Garn zusammenbinden und mit den Speckstreifen spicken. Mit Salz und Pfeffer einreiben.

Öl oder Kokosfett in einem Bräter auf dem Herd rauchheiß erhitzen. Keule zusammen mit dem Gemüse darin in 10 Minuten rundherum knusprig braun anbraten. Mit Wasser begießen. Bräter auf die mittlere Schiene in den vorgeheizten Ofen stellen.

110 Minuten bei 200 Grad braten. Keule während der Bratzeit hin und wieder mit Bratfond übergießen.

Für die Soße Petersilie und Schnittlauch abspülen, und Haushaltspapier trockentupfen. Fein hacken. Bindfaden von der Keule lösen. Keule auf einer Platte anrichten und warm stellen. Bratfond durch

ein Sieb in einen Topf geben. Speisestärke mit 2 Eßlöffel Wasser glattrühren. Soße damit binden. Aufkochen lassen. Vom Herd nehmen. Saure Sahne reinrühren. Mit Salz und Pfeffer abschmecken. Soße noch mal erhitzen, aber nicht mehr kochen lassen. Petersilie und Schnittlauch reingeben. Fleisch in Scheiben schneiden. Die Soße gesondert zum Fleisch servieren.
Beilagen: Bohnensalat in Essig-Öl-Marinade und Bratkartoffeln. Man kann dazu auch Salzkartoffeln servieren.

 Wer knusprige Haut am Braten besonders gern mag, kann die Hammelkeule einige Minuten vor Ende der Garzeit mit etwas dunklem Bier oder Wacholderschnaps bestreichen oder begießen.

Kohlrouladen

Zutaten für 4 Personen

1 Kopf Weißkohl (750 g)
Salz
2 l Wasser
1 Brötchen
375 g gemischtes Hackfleisch
1 Zwiebel
1 Beutel getrocknete Steinpilze (5 g)
1/2 Bund Petersilie, gehackt
1 Ei
weißer Pfeffer
geriebene Muskatnuß
Paprika edelsüß
gemahlener Kümmel
2 Möhren
6 Scheiben Frühstücksspeck
1 Teelöffel Tomatenmark
1/8 l heiße Fleischbrühe
1/8 l saure Sahne

Weißkohl putzen, abspülen und abtropfen lassen. Strunk rausstechen. Kohl in kochendes Salzwasser legen und 30 Minuten leicht kochen lassen. Brötchen mit Wasser in einer Schüssel 10 Minuten weichen lassen.
Hackfleisch in eine Schüssel geben. Zwiebel schälen, würfeln und mit Steinpilzen und Petersilie zum Fleisch geben. Brötchen ausdrücken, zerpflücken und mit dem Ei zugeben. Mit Salz, Pfeffer, Muskat, Paprika und Kümmel pikant würzen. Zu einem Fleischteig vermischen.
Weißkohl abtropfen und abkühlen lassen. Blätter ablösen. Dicke Rippen entfernen und jeweils auf ein großes Blatt ein bis zwei kleinere Blätter legen. Salzen. Die Hackfleischmasse darauf verteilen und die Kohlblätter zusammenrollen. Mit Garn umwickeln. Möhren schälen, waschen und in 1/2 cm dicke Scheiben schneiden.
Frühstücksspeck in einem Bräter 5 Minuten anbraten. Herausnehmen. Möhren reinstreuen und Kohlrouladen drauflegen. In 10 Minuten rundherum braun werden lassen. Mit Frühstücksspeck abdecken. Tomatenmark mit Fleischbrühe verrühren und zugießen. Zugedeckt in den vorgeheizten Ofen auf die mittlere Schiene stellen.
50 Minuten bei 180 Grad schmoren.
Kohlrouladen rausnehmen, Garn entfernen. Rouladen in einer vorgewärmten Schüssel anrichten. Mit Möhren und Speckscheiben belegen. Bratfond mit saurer Sahne verquirlen. Abschmecken und über die Rouladen gießen.
Beilage: Kartoffelpüree oder Salzkartoffeln.

Kaninchen im Topf

Zutaten für 4 Personen

1 küchenfertiges Kaninchen von 1,5 kg
2 Möhren
3 Zwiebeln
1 Stange Porree
Butter oder Margarine zum Einfetten
Salz
weißer Pfeffer
1/4 l heiße Fleischbrühe
300 g kleine Champignons
200 g Tiefkühl-Erbsen
2 Eßlöffel Mehl
1/8 l Sherry
1/2 Bund Petersilie

Das gehäutete Kaninchen innen und außen abspülen, trockentupfen. In 8 Teile zerlegen. Möhren und Zwiebeln schälen. Möhren abspülen, trockentupfen. Beides fein würfeln. Porree putzen, unter kaltem Wasser abspülen und mit Haushaltspapier gut trockentupfen. In feine Streifen schneiden.
Eine große feuerfeste Form mit Butter oder Margarine gut einfetten. Kaninchenteile mit Salz und Pfeffer einreiben. In die Form legen. Möhren, Zwiebeln und Porree darüber verteilen. Salzen und pfeffern. Mit der heißen Fleischbrühe auffüllen. Deckel auf die Form legen. In den vorgeheizten Ofen auf die mittlere Schiene stellen. 80 Minuten bei 200 Grad garen.
Champignons putzen und nach 65 Minuten mit den Erbsen dazugeben. Mehl mit Sherry verrühren. In die kochende Flüssigkeit rühren. Noch 10 Minuten bei geschlossener Form weitergaren. Petersilie unter kaltem Wasser abspülen. Mit Haushaltspapier trockentupfen und fein hacken. Vor dem Servieren drüberstreuen.
Beilage: Salzkartoffeln.

Rebhühner im Topf

Zutaten für 6 Personen

6 küchenfertige Rebhühner von je 300 g
Salz
weißer Pfeffer
6 große Scheiben fetter Speck
4 Möhren
2 Zwiebeln
1/2 Bund Petersilie
80 g Pflanzenfett oder 8 Eßlöffel Öl
1 1/2 Teelöffel getrocknetes Basilikum
1 1/2 Teelöffel getrocknete Salbeiblätter
1/2 l heißes Wasser
3 Glas (je 2 cl) Weinbrand
3 Teelöffel Speisestärke
1/4 l saure Sahne

Rebhühner innen und außen unter kaltem Wasser abspülen. Mit Haushaltspapier trockentupfen. Innen und außen mit Salz und Pfeffer einreiben. Brust der Rebhühner mit je einer Speckscheibe belegen und leicht mit Rouladengarn umwickeln.

Möhren putzen, waschen, trocknen und kleinschneiden. Zwiebeln schälen und grob würfeln. Petersilie unter kaltem Wasser abbrausen. Abtropfen lassen.

Pflanzenfett oder Öl in einem großen Bräter erhitzen. Rebhühner nebeneinander reinlegen und rundherum in 5 Minuten anbraten. Möhren, Zwiebeln, Petersilie, Basilikum und Salbei noch 3 Minuten unter Wenden mitbraten. Heißes Wasser angießen. Zugedeckt bei schwacher Hitze 40 Minuten schmoren.

Rebhühner aus dem Topf nehmen. Rouladengarn und Speckscheiben abnehmen. Rebhühner warm stellen. Bratfond durch ein Sieb in einen anderen Topf gießen. Weinbrand reingeben. Speisestärke mit wenig Wasser in einer Tasse verquirlen. In den Bratfond rühren. Einmal aufkochen lassen. Saure Sahne unterrühren. Mit Salz und Pfeffer abschmecken und in eine vorgewärmte Sauciere geben. Rebhühner auf einer vorgewärmten Platte anrichten.

Beilagen: Apfelrotkohl und Salzkartoffeln. Als Getränk paßt Rotwein.

Wildschweinpfeffer bergisch

Zutaten für 4 Personen

500 g Wildschweinfleisch
Für die Marinade:
1/8 l Wasser
1/8 l Weißwein
1 Zwiebel
2 Wacholderbeeren
1 Blutorange
5 Pfefferkörner
2 Gewürznelken
Saft einer Zitrone
Außerdem:
40 g Schweineschmalz
Salz
schwarzer Pfeffer
1/4 l heiße Fleischbrühe
2 Eßlöffel Mehl
1 Bund Petersilie
Saft einer halben Blutorange

Fleisch waschen, trocknen. Sehnen und Häute wegschneiden. Fleisch in Würfel schneiden. Für die Marinade Wasser und Wein in einer Schüssel mischen. Geschälte Zwiebel in Scheiben schneiden, Wacholderbeeren zerdrücken. Orange waschen, trocknen und in feine Scheiben schneiden. Zusammen mit Pfefferkörnern, Gewürznelken und Zitronensaft in die Marinade geben. Fleisch darin zugedeckt 24 Stunden kalt stellen. Fleisch aus der Marinade nehmen. Mit Haushaltspapier trocknen. Schmalz in einem Topf erhitzen. Fleisch darin rundherum 10 Minuten anbraten. Mit Salz und Pfeffer würzen. Fleischbrühe zugießen. Zugedeckt bei schwacher Hitze 70 Minuten schmoren.
Marinade durch ein Sieb in einen Topf gießen. Nach 35 Minuten übers Fleisch gießen. Mehl mit etwas kaltem Wasser verquirlen. In den Wildschweinpfeffer rühren. 5 Minuten kochen lassen. Petersilie waschen, trockentupfen, hacken und mit dem Orangensaft ins Fleisch geben. Wildschweinpfeffer nachwürzen und in einer Schüssel anrichten.
Beilagen: Kopfsalat und Nudeln oder Salzkartoffeln.

Das Fleisch für Wildschweinpfeffer kann außer in einer Wein-Wasser-Beize auch in einer Mischung aus Buttermilch, Essig, Rotwein oder Weinbrand und den üblichen Gewürzen gebeizt werden.

Tauben rheinische Art

Zutaten für 4 Personen

4 küchenfertige Tauben von je 300 g
Salz
weißer Pfeffer
1 Eßlöffel Paprika edelsüß
4 Scheiben Schinkenspeck
40 g Margarine
300 g kleine Zwiebeln
gut 1/4 l heiße Fleischbrühe
25 g Butter
25 g Zucker
1 Prise Salz
100 g durchwachsener Speck
20 g Margarine
600 g kleine Champignons
schwarzer Pfeffer
Salz
Außerdem:
4 Eßlöffel Madeira

Tauben unter fließendem Wasser abspülen. Mit Haushaltspapier trocknen. Salz, Pfeffer und Paprika mischen. Tauben innen und außen damit einreiben. Mit Speckscheiben umwickeln. Flügel nach hinten biegen.
Margarine in einem Bräter erhitzen. Tauben reinlegen. In den vorgeheizten Ofen auf die mittlere Schiene stellen. 35 Minuten bei 220 Grad braten.
Zwiebeln schälen. In einen Topf geben. Von der Fleischbrühe 4 Eßlöffel abnehmen und beiseite stellen. Die Fleischbrühe über die Zwiebeln gießen. Aufkochen und 10 Minuten leise kochen lassen. Zwiebeln mit einem Schaumlöffel rausnehmen. Auf einem Sieb abtropfen lassen.
Butter in einem Topf goldgelb werden lassen. Zukker reinschütten und unter Rühren in 5 Minuten hellgelb karamelisieren lassen. Zwiebeln und 3 Eßlöffel Zwiebelbrühe reingeben, salzen. Zwiebeln bei kleinster Hitze in 5 Minuten hellbraun glasieren. Topf dabei häufig schütteln, damit alle Zwiebeln gleichmäßig überzogen werden. Zwischendurch den Speck in kleine Würfel schneiden. Margarine in einem Topf erhitzen. Speckwürfel darin 3 Minuten anbraten. Die geputzten, evtl. halbierten Champignons dazugeben. 4 Minuten anbraten. Mit der beiseite gestellten Fleischbrühe begießen. 10 Minuten zugedeckt dünsten lassen. Salzen und pfeffern.
Tauben aus dem Bräter nehmen und auf einer vorgewärmten Platte anrichten. Glasierte Zwiebeln und die Champignons als Garnierung um die Tauben verteilen. Bratfond mit Madeira loskochen und über die Tauben gießen.

Falscher Hase

Es gibt kaum eine deutsche Hausfrau, die nicht ihr eigenes Rezept vom Falschen Hasen hätte. Manche machen ihn mit hartgekochten Eiern, manche ohne. Hier ein Rezept mit Eiern:

Zutaten für 4 Personen

250 g gehacktes Rindfleisch
250 g gehacktes Schweinefleisch
1 Zwiebel
60 g Semmelbrösel
3 Eßlöffel kaltes Wasser
2 Eier
Salz
Pfeffer
1 Teelöffel Paprika edelsüß
1 Teelöffel Senf
1 kleines Bund Petersilie
3 hartgekochte Eier
80 g fetter, geräucherter Speck
4 Eßlöffel Margarine oder Öl
1/4 l heiße Fleischbrühe
1 gestrichener Teelöffel Speisestärke
1/8 l saure Sahne

Hackfleisch in eine Schüssel geben. Dazu die geschälte, fein gewürfelte Zwiebel, Semmelbrösel, kaltes Wasser, aufgeschlagene Eier, Salz, Pfeffer, Paprika und Senf. Petersilie waschen, mit Haushaltspapier trocknen, hacken. Auch in die Schüssel geben. Aus diesen Zutaten einen Fleischteig kneten. Fleischteig kräftig abschmecken. Länglich ausbreiten. Eier dicht hintereinander in die Mitte legen, Fleischteig drüberdecken. Kaltes Wasser über die Hände laufen lassen. Dann den Braten wie ein länglichrundes Brot formen.
Speck in Scheiben schneiden. Die Hälfte im Bräter oder in der Fettpfanne 1/2 Minute anbraten. Margarine oder Öl dazugeben. Braten reinlegen. Rundherum anbraten. Dann die restlichen Speckscheiben obendrauf legen. In den heißen Ofen auf die mittlere Schiene schieben. Während der Garzeit nach und nach die heiße Fleischbrühe zugießen. Zwischendurch mit Bratfond beschöpfen. Etwa 45 Minuten bei 200–225 Grad braten. Braten aus Bräter oder Fettpfanne nehmen. Auf einer vorgewärmten Platte warm stellen. Bratensaft loskochen. Eventuell noch etwas heißes Wasser zugießen. Speisestärke mit kaltem Wasser anrühren. Soße damit binden. Vom Herd nehmen. Saure Sahne reinrühren, aber nicht mehr kochen. Mit Salz und Pfeffer abschmecken.

Miesmuscheln auf rheinische Art

Zutaten für 4 Personen

2 kg Miesmuscheln
Für den Sud:
1/2 l Weißwein
2 Zwiebeln
1 Möhre
1 Stange Porree
schwarzer Pfeffer
Außerdem:
Saft einer Zitrone
1 Bund Petersilie

Miesmuscheln unter kaltem Wasser gründlich abbürsten. Fäden entfernen. Für den Sud Weißwein im Topf erhitzen. Zwiebeln schälen und reinreiben. Möhre schälen und in Scheiben schneiden. Porree putzen, waschen und in Ringe schneiden. Mit dem Pfeffer in den Sud geben. Wenn der Sud sprudelnd kocht, Muscheln reingeben. Bei geschlossenem Topf 15 Minuten kochen. Topf dabei hin und wieder rütteln. Muscheln mit einem Schaumlöffel aus dem Sud nehmen. In einer vorgewärmten Schüssel anrichten.
Sud in einen anderen Topf sieben. Zitronensaft reingeben. Erhitzen, dabei häufig umrühren. Petersilie abbrausen, trockentupfen und hacken. Sud über die Muscheln gießen. Mit Petersilie bestreuen und sofort servieren.

Muscheln, die vor dem Kochen geöffnet sind, wegschmeißen, ebenso diejenigen, die nach dem Kochen geschlossen sind.

Aal mit Salbei

Zutaten für 4 Personen

1 kg dünne Aale
Essigwasser
Meersalz
12–14 frische Salbeiblätter
1 Eßlöffel Öl
40 g Butter
1 Zitrone

Die Aale gleich beim Einkauf abziehen und in 4 cm lange Stücke schneiden lassen. Mit Essigwasser waschen und auf Küchenpapier gut abtropfen lassen. Die Aalstücke salzen, mit den Salbeiblättern umwickeln und diese mit einem Baumwollfaden festbinden.
Das Öl in einer beschichteten Pfanne erhitzen und die Aalstücke darin unter gelegentlichem Schütteln in etwa 10 Minuten von allen Seiten goldbraun braten. Aus der Pfanne nehmen und die Baumwollfäden entfernen. Die Aalstücke auf Küchenpapier abtropfen lassen. Die Fischstücke auf einer vorgewärmten Platte anrichten. Die Butter in die heiße Pfanne geben und einmal aufschäumen lassen. Über die Aalstücke gießen. Mit Zitronenspalten garnieren.
Beilage: Salzkartoffeln und Gurkensalat mit saurer Sahne.

Sie können die mit den Salbeiblättern umwickelten Aalstückchen auch auf 4 Spießchen stecken, leicht mit Paniermehl bestreuen und grillen.

Stockfisch mit Öl-Essig-Marinade

Zutaten für 4 Personen

750 g Stockfisch
Wasser
Für die Marinade:
5 Eßlöffel Öl
2 Eßlöffel Weinessig
1 Zwiebel
weißer Pfeffer
Zum Braten:
5 Eßlöffel Öl
Für die Garnierung:
4 Zitronenscheiben
2 Stengel Dill

Stockfisch war früher ein traditionelles Fastengericht. Heute wird er hin und wieder am Aschermittwoch gekocht. In Norwegen kann man die langen Reihen von auf Stöcken aufgespießten Fischen (meist Kabeljau, Schellfisch und Köhler) sehen. Sie werden dort getrocknet und kommen als Stockfisch in den Handel. Vor der Zubereitung muß Stockfisch 24 Stunden gewässert werden, damit er genügend Feuchtigkeit aufnimmt.

Stockfisch in eine Schüssel legen. Mit kaltem Wasser bedeckt 24 Stunden wässern. Das Wasser öfter erneuern. Danach rausnehmen und trockentupfen. Gräten rauslösen, häuten. Stockfisch in 2 cm große Stücke schneiden.
Öl und Essig in einer Schüssel verrühren. Zwiebel schälen und in feine Würfel schneiden. Zur Öl-Essig-Mischung geben. Mit Pfeffer kräftig würzen. Die Stockfischstücke hineingeben. Zugedeckt 6 Stunden marinieren. Fisch rausnehmen. Marinade beiseite stellen.
Öl in einer Pfanne erhitzen. Stockfisch darin 10 Minuten schmoren. Dann auf einer vorgewärmten Platte anrichten. Mit der Marinade begießen.
Mit Dill und Zitronenscheiben garniert servieren.

Fischfilet aus der Pfanne

Wollen Sie wissen, was im Rheinland ein typisches Freitagsessen war? Fischfilet aus der Pfanne, denn Fleisch gab es freitags auf gar keinen Fall. Dazu wurde Kartoffelsalat gegessen.

Zutaten für 4 Personen

4 Fischfilets von je 200 g
Saft einer Zitrone
Salz
Pfeffer
2 Eßlöffel Mehl
1 Ei
6 Eßlöffel Paniermehl
60 g Butter oder Margarine

Filets unter kaltem Wasser abspülen. Mit Haushaltspapier trockentupfen. Mit Zitronensaft beträufeln. 10 Minuten ziehen lassen. Salzen und pfeffern. Filets erst dünn im Mehl, dann in verquirltem Ei und zuletzt in Paniermehl wenden. Butter oder Margarine in einer ausreichend großen Pfanne erhitzen. Filets erst auf beiden Seiten 1/2 Minute anbraten, dann auf beiden Seiten in je 8 Minuten gar braten. Auf einer Platte anrichten.

Nachspeisen

Milchreis mit Zimtzucker

Zutaten für 4 Personen

250 g Rundkorn(Milch)reis
1/2 l Wasser
3/4 l Milch
80 g Zucker
Mark einer halben Vanillestange
1 Prise Salz
Außerdem:
50 g Butter
je 40 g Zucker und Zimt

Milchreis ist heute noch beliebt als Nachspeise oder süßes Hauptgericht. Milchreis ist aber auch Bestandteil der sagenhaften Bergischen Kaffeetafel, dem „Koffedrenken met allem dröm und dran“. Blatz, Waffeln, Schwarzbrot, Apfelkraut, Quark, Milchreis und natürlich viel Kaffee gehören mindestens dazu. Am Mittelrhein ißt man zu Milchreis mit Zimtzucker Reibekuchen.

Reis gründlich waschen. Wasser in einem Topf aufkochen. Reis reingeben. 5 Minuten leicht kochen. Auf ein Sieb gießen. Gut abtropfen lassen. Milch, Zucker, Vanillemark und Salz in einen großen Topf geben. Aufkochen. Reis zufügen. Aufkochen. Bei kleiner Hitze in 60 Minuten gar quellen lassen. Butter in einer Pfanne erhitzen. Hell bräunen. Zucker und Zimt mischen. Milchreis in vier Teller füllen. Butter und Zimtzucker drüber verteilen. Wann reichen? Als Hauptgericht. Vorher gibt es eine leichte Gemüsesuppe.
Milchreis muß nicht immer mit Butter und Zimtzucker serviert werden. Geben Sie ihm mal einen anderen Geschmack. Zum Beispiel so: Vor dem Servieren eingeweichte Rosinen reinrühren und mit Himbeersirup begießen. Oder vorsichtig gedünstete Apfelspalten, Backpflaumen, eingemachte Früchte, (Aprikosen, Sauerkirschen, Quitten usw.) unterheben und den eingekochten Fruchtsaft dazu reichen. Auch mit gemahlenen Nüssen vermischt und noch mit Schokoladen- oder Vanillesoße begossen schmeckt Milchreis sehr lecker.

Arme Ritter oder Verwendbrot

Ob eine findige Kölner oder Aachener Hausfrau dieses Rezept erfunden hat, weil sie ihre Vorräte an altbackenen Brötchen sinnvoll verwenden wollte, ist nicht bekannt. Jedenfalls entstand ein Lieblingsrezept der Nation, von dessen Urheberschaft viele Regionen Deutschlands überzeugt sind.

Zutaten für 4 Personen

8 altbackene Brötchen
1 l heiße Milch
2 Eier
1 Eßlöffel Zucker
Salz
abgeriebene Schale einer halben Zitrone
1 Eßlöffel Zucker
1 Messerspitze gemahlener Zimt
100 g Margarine

Die Brötchen rundum abreiben. Halbieren. Abgeriebene Brösel auf einem Teller beiseite stellen. Milch, Eier, Zucker, Salz und Zitronenschale in einer Schüssel verquirlen. Brötchen reingeben und 15 Minuten durchziehen lassen. Ab und zu wenden.
Brötchen vorsichtig herausnehmen und abtropfen lassen. Zucker, Zimt und die Brösel mischen. Die Brötchen darin wenden.
Margarine in einer Pfanne erhitzen und die Armen Ritter darin rundherum in 5 Minuten goldbraun backen.

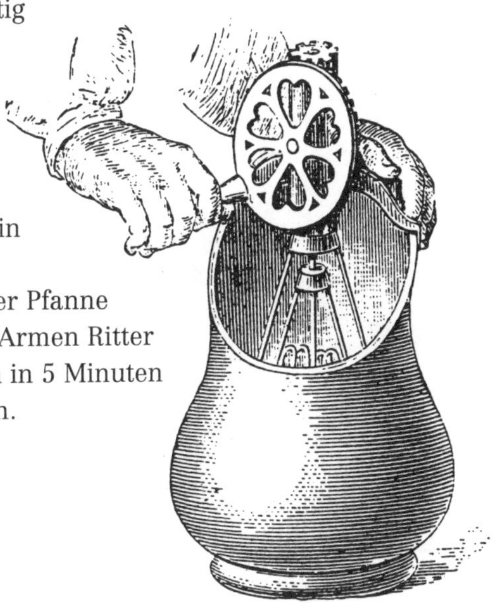

Vanillepudding

Zutaten für 4 Personen

1 l Milch
1 Stange Vanille
80 g Zucker
90 g Speisestärke
1 Prise Salz
2 Eier

Dieses Rezept weckt Erinnerungen, denn dieser Vanillepudding ist nicht nur im Rheinland beliebt. Hier gehört obligatorisch Himbeersaft (Sirup) dazu.

Etwa 1/8 l Milch in einen Becher gießen. Die übrige Milch mit der aufgeschlitzten Vanillestange und dem Zucker aufkochen. Speisestärke mit der zurückbehaltenen Milch verquirlen und unter ständigem Rühren hineingeben. Eine Prise Salz zufügen und die Vanillemilch noch einmal aufkochen lassen. Vom Herd ziehen und mit verquirltem Eigelb abziehen.
Eiweiß zu steifem Schnee schlagen und unter die heiße Suppe heben. Eine Schüssel oder Form mit kaltem Wasser ausspülen und die Masse hineingießen. Pudding erstarren lassen und nach Belieben stürzen. Neben Himbeersirup passen Frucht- oder Schokoladensoße gut dazu.

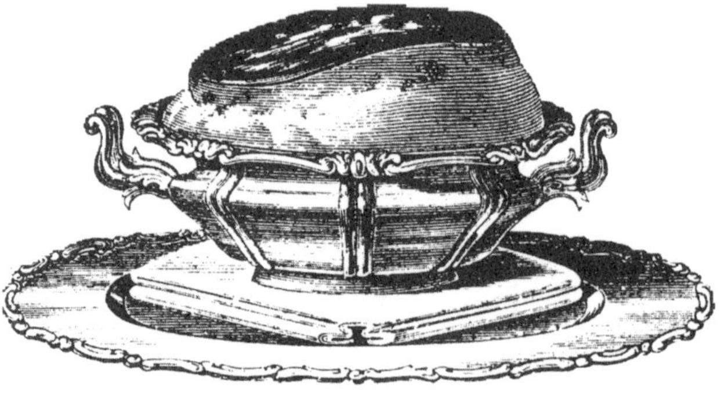

Brotpudding nach alter Art

Mit einer leichten Suppe vorweg ist der Brotpudding ein süßes Hauptgericht. Im Rheinland wird dazu eine Weinschaumsoße gereicht. Eine gelungene Kombination, die Sie unbedingt probieren sollten!

Vom Weißbrot die Rinde abschneiden. Brot in Milch einweichen. Margarine im Topf zerlassen und das eingeweichte Brot darin erwärmen. Topf von der Kochstelle nehmen, etwas abkühlen lassen.
Eigelb nach und nach unterrühren. Zucker, Rosinen, abgeriebene Zitronenschale und abgezogene, gemahlene Mandeln zugeben. Eiweiß zu steifem Schnee schlagen und unterziehen. In eine gut gefettete Auflaufform füllen. In den vorgeheizten Ofen schieben. 30 Minuten bei 200 Grad backen.

Zutaten für 4 Personen

6 Scheiben Weißbrot
knapp 1/4 l Milch
75 g Margarine
3 Eigelb
1 Eßlöffel Zucker
100 g Rosinen
abgeriebene Schale
einer halben Zitrone
2 bittere, gemahlene Mandeln
14 süße, gemahlene Mandeln
3 Eiweiß
Margarine zum Einfetten

Weinschaumsoße

Eier, Zucker, Weißwein und Zitronensaft in einem hohen Topf gut miteinander verrühren. Im Wasserbad so lange schlagen, bis eine cremige Masse entsteht. Nicht kochen lassen! Geriebene Zitronenschale untermischen. Sofort heiß zum Brotpudding servieren.

Zutaten für 4 Personen

3 Eier
100 g Zucker
1/4 l Weißwein
2 Eßlöffel Zitronensaft
abgeriebene Schale
einer halben Zitrone

Johannisbeergrütze mit Milch

Zutaten für 4 Personen

Je 150 g rote und schwarze Johannisbeeren
200 g Himbeeren
3/4 l Wasser
250 g Zucker
1 Päckchen Vanillinzucker
1 Prise Salz
75 g Speisestärke
abgeriebene Schale einer Zitrone
1/2 l Milch

Johannisbeeren und Himbeeren getrennt unter kaltem Wasser abspülen und auf einem Sieb abtropfen lassen. Johannisbeeren mit einer Gabel entstielen, Himbeeren auslesen. Wasser in einem Topf erhitzen. Früchte darin 10 Minuten kochen, bis sie leicht zerfallen. Durch ein Sieb in einen anderen Topf passieren. Mit Zucker, Vanillinzucker, Salz nochmal 5 Minuten kochen lassen. Speisestärke mit wenig kaltem Wasser in einer Tasse anrühren und reingeben. Unter Rühren 3 Minuten aufkochen.

Zitronenschale unterrühren und abkühlen lassen. In eine Schüssel geben. Im Kühlschrank zugedeckt bis kurz vor dem Servieren aufbewahren. Milch in einem Krug dazu reichen.

Bratäpfel

Zutaten für 4 Personen

4 Äpfel
Margarine zum Einfetten
Zucker zum Bestreuen

Bratäpfel sind ein reiner Eßspaß an kalten Winterabenden. Man kann Bratäpfel ganz einfach zubereiten. Beste Sorten: Boskop, Jonathan, Cox Orange.

Äpfel waschen, trocknen, Kerngehäuse ausstechen und aufs gefettete Backblech setzen. Zucker drüberstreuen. 25 Minuten bei 220 Grad im Backofen braten. Rausnehmen, mit Zucker oder Zimtzucker bestreuen und genießen.

Stachelbeergrütze mit Sahne

Stachelbeeren putzen, waschen und abtropfen lassen. Mit Zucker, Vanillinzucker, Wasser und Weißwein in einem Topf zugedeckt 25 Minuten kochen lassen. Sago reinrühren. Weitere 30 Minuten kochen, bis das Sago ganz gequollen ist. Mit Zimt würzen.
Stachelbeergrütze in eine mit kaltem Wasser ausgespülte Schüssel gießen. Im kalten Wasser etwa 60 Minuten erkalten lassen. Dann zugedeckt 30 Minuten in den Kühlschrank stellen.
Schlagsahne mit Vanillinzucker in einer Schüssel halbsteif schlagen. Grütze auf einen tiefen Glasteller stürzen. Mit Sahne übergießen und sofort servieren.

Was ist Sago? Nichts anderes als gekörnte Stärke, die als Bindemittel für Suppen und Süßspeisen dient. Die Körnchen entstehen, wenn steifer Stärketeig durch ein Sieb auf eine erhitzte Metallplatte gestrichen wird. Durch die Hitze verkleistert die Außenhaut, so daß die Körnchen beim Kochen ihre Form behalten.

Zutaten für 4 Personen

500 g Stachelbeeren
150 g Zucker
1 Päckchen Vanillinzucker
knapp 1/8 l Wasser
4 Eßlöffel Weißwein
125 g Sago
1/2 Teelöffel gemahlener Zimt
Außerdem:
1/4 l Schlagsahne
1 Päckchen Vanillinzucker

Sagopudding

Zutaten für 4 Personen

1 Eßlöffel Rosinen
3/4 l Milch
1 Prise Salz
30 g Zucker
abgeriebene Schale einer halben Zitrone
50 g Sago
1 Eigelb
1 Eßlöffel Sahne
1 Eiweiß

Rosinen mit heißem Wasser abspülen. Abtropfen lassen. Milch in einem Topf mit Rosinen, Salz, Zucker und abgeriebener Zitronenschale zum Kochen bringen. Sago unter Rühren reinstreuen. Bei schwacher Hitze 30 Minuten garen lassen. Hin und wieder umrühren.

Topf vom Herd nehmen. Eigelb und Sahne verquirlen, reinrühren. Eiweiß in einer Schüssel steif schlagen und locker unterziehen.

Eine hübsche Form mit kaltem Wasser ausspülen. Pudding einfüllen. Erkalten lassen. Vor dem Servieren den Pudding auf eine Platte stürzen.

Beilagen: Kompott, Schokoladen-, Frucht- oder Rotweinsoße.

Sagopudding schmeckt auch mit frischen Früchten. Diese vorher zerkleinern, einzuckern und mit Rum oder Zitronensaft würzen.

Apfelpfannkuchen

Neben Apfelpfannkuchen sind Blaubeerpfannkuchen im Rheinland sehr beliebt. Nehmen Sie einfach anstelle der Äpfel Blaubeeren (Heidelbeeren).

Mehl mit Milch, Salz und den Eiern zum Teig rühren. Äpfel schälen, vierteln, Kerngehäuse entfernen, blättrig schneiden. In den Teig geben und unterheben. Öl in der Pfanne erhitzen und mit einer Suppenkelle so viel Teig in die Pfanne geben, daß sich eine halbzentimeterdicke Schicht bildet. Auf der einen Seite goldbraun braten. Wenden. Andere Seite braten. Heiß mit Zucker und Zimt bestreut servieren.

Zutaten für 4 Personen

250 g Mehl
gut 1 Tasse Milch
Salz
3 Eier
500 g Äpfel
Öl zum Braten
Zucker und Zimt

Rhabarberkompott

Rhabarber schälen und in kleine Stücke schneiden, evtl. Fäden abziehen. In heißem Wasser 10 Minuten ziehen lassen. In ein Sieb schütten und gut abtropfen lassen. Rhabarberstücke ohne Wasserzugabe in einen Topf geben und langsam erhitzen. Dabei vorsichtig rühren, damit nichts ansetzt. Wenn sich Saft gebildet hat, den Zucker zugeben und nach Belieben mit Zitronensaft abschmecken.
Beilage: Vanillesoße.

Zutaten für 4 Personen

750 g Rhabarber
150 g Zucker
Zitronensaft

Sie können den Rhabarber auch mit Süßstoff abschmecken.

Kuchen und Gebäck

Rheinische Apfeltorte

Zutaten für 12 Stücke

Für den Mürbeteig:
300 g Mehl
100 g Zucker
1 Päckchen Vanillinzucker
1 Prise Salz
1 Ei
200 g Butter oder Margarine
Mehl zum Ausrollen
Für den Belag:
100 g Korinthen
750 g säuerliche Äpfel
3 Eßlöffel Zucker
1/2 Teelöffel Zimt

Würde in einem Quiz nach einem typisch deutschen Gebäck gefragt werden, würden bestimmt mindestens 90 Prozent der Kandidaten Apfelkuchen sagen. Und tatsächlich wird er von der Nordsee bis zu den Alpen in allen Landstrichen gebacken. Aber der berühmteste von allen ist doch die „Appeltaat“, wie man auf gut Kölsch zu der echten Rheinischen Apfeltorte sagt, die wir Ihnen hier vorstellen.

Für den Mürbeteig Mehl auf eine Arbeitsfläche geben. In die Mitte eine Mulde drücken. Zucker, Vanillinzucker, Salz und Ei reingeben. Die gut gekühlte Butter oder Margarine in Flöckchen auf den Mehlrand setzen. Von außen nach innen schnell einen Teig kneten. Zugedeckt 30 Minuten im Kühlschrank ruhen lassen. Auf einer bemehlten Arbeitsfläche den Teig 1 cm dick ausrollen. Eine Springform (26 cm Durchmesser) mit dem Teig auskleiden. Dabei einen 2 cm hohen Rand formen. Während der Teig ruht, den Belag vorbereiten: Korinthen in einer Schüssel mit kochendem Wasser überbrühen. 5 Minuten quellen, dann auf einem Sieb abtropfen lassen. Äpfel schälen, vierteln, entkernen, in 3 mm dicke Scheiben schneiden. Tortenboden schuppenartig mit Apfelscheiben belegen. Mit Korinthen, Zucker und Zimt bestreuen. In den vorgeheizten Ofen auf die mittlere Schiene schieben. 35 Minuten bei 220 Grad backen.
Form aus dem Ofen nehmen. Torte aus der Form lösen und erkalten lassen.

Weckmännchen

Sie sind das traditionelle St. Martins-Gebäck. Im Westfälischen heißen sie Stutenkerle und sind auch dort mit einer weißen Tonpfeife verziert, die unbesorgt mit in den Backofen gegeben werden kann. Die Tonpfeife kann man kaufen, nicht aber die Form für den Stutenkerl. Malen Sie darum auf ein Stück Zeichenpappe die Umrisse. Ausgeschnitten sind sie eine ideale Schablone.

Zutaten

500 g Mehl
30 g Hefe
knapp 1/4 l lauwarme Milch
80 g Zucker
125 g Butter
1 Ei
1 Päckchen Vanillinzucker
abgeriebene Schale einer Zitrone
1 Prise Salz
Mehl zum Ausrollen
1 Ei zum Bestreichen
Rosinen zum Verzieren
Margarine zum Einfetten

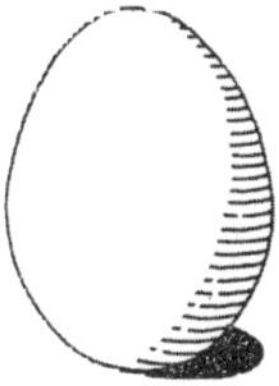

Mehl in eine Schüssel geben. In die Mitte eine Mulde drücken. Hefe reinbröckeln. Mit etwas Milch, Zucker und Mehl zum Vorteig verrühren. Zugedeckt an einem warmen Ort 15 Minuten gehen lassen. Dann restliche Milch, restlichen Zucker, angewärmte Butter, Ei, Vanillinzucker, Zitronenschale und Salz in die Schüssel geben. Alles zu einem geschmeidigen Teig kneten und schlagen, bis sich Blasen bilden. Teig zugedeckt noch mal 30 Minuten gehen lassen.
Teig auf einem bemehlten Backbrett 1/2 cm dick ausrollen, Schablone auflegen und den Stutenkerl ausschneiden. Teigreste zusammenkneten, wieder ausrollen und weitere Männchen daraus schneiden. Ei aufschlagen und verquirlen. Stutenkerle damit bestreichen. Rosinen als Augen, Mund und Nase in den Teig drücken. In den Mund und an den Oberkörper die Tonpfeife drücken. Backblech einfetten. Die Stutenkerle mit reichlichem Abstand drauflegen. Blech in den vorgeheizten Ofen auf die mittlere Schiene schieben. 20 Minuten bei 180 Grad backen. Blech rausnehmen. Stutenkerle auf einem Kuchendraht abkühlen lassen.

Fastnachtskrapfen

Zutaten für 20 Stück

1/4 l Wasser
50 g Butter oder Margarine
1 Prise Salz
150 g Mehl
5 Eier
150 g kernlose Rosinen
750 g Kokosfett oder
1 l Öl zum Fritieren
Puderzucker zum Bestäuben

Fastnachtskrapfen sind mit Rosinen gefüllte Brandteigbällchen, die fritiert werden. Man bereitet sie gerne in den Fastnachtshochburgen am Rhein zu. Sie schmecken natürlich zu jeder Jahreszeit.

Wasser, Butter oder Margarine und Salz im Stieltopf aufkochen. Vom Herd nehmen. Mehl auf einmal reinschütten, glattrühren und wieder erhitzen. So lange rühren, bis sich ein Kloß bildet und am Topfboden eine weiße Haut absetzt. Topf vom Herd nehmen. Das erste Ei reinrühren. Gut mischen. 5 Minuten abkühlen lassen. Dann die übrigen Eier, eins nach dem anderen, in den Teig rühren. Zum Schluß die kernlosen Rosinen, die man nicht zu waschen braucht, in den Teig mischen.
Kokosfett oder Öl im Fritiertopf auf etwa 175 Grad erhitzen. Mit einem Eßlöffel Krapfen vom Teig abstechen, ins Fett gleiten lassen und gut 10 Minuten darin gar backen. Während der Backzeit wenden, wenn sich die Krapfen im Fett nicht von selbst drehen. Mit dem Schaumlöffel rausnehmen. Auf Haushaltspapier abtropfen lassen.
Puderzucker in ein Sieb geben, die Krapfen damit bestäuben. Auf einem Kuchendraht auskühlen lassen.

Mutzen

Eigentlich dürfte man die Mutzen jedes Jahr nur ab 11. 11., 11 Uhr 11, bis zum nachfolgenden Aschermittwoch null Uhr essen. Denn Mutzen und Mutzenmandeln sind ein typisches Karnevals- und Silvestergebäck. Wer die Nascherei aber mal probiert hat, wird auch in den übrigen Monaten nicht darauf verzichten. Fragen Sie mal einen Rheinländer. So wird das Gebäck zubereitet:

Zutaten für 20 Stück

60 g Butter
50 g Zucker
1 Ei
2 Eßlöffel Rum (40 Vol.-%)
250 g Mehl
5 Eßlöffel Milch
1 Prise Salz
Mehl zum Ausrollen
750 g Schweineschmalz zum Fritieren
75 g Puderzucker zum Bestäuben

Butter in einem Topf zerlassen, Zucker, Ei und Rum unterschlagen. Mehl in eine Schüssel geben. In die Mitte eine Mulde drücken, flüssige Butter-Zucker-Masse mit Milch und Salz reingeben. Gut verkneten.

Teig 3 mm dick auf bemehltem Backbrett oder Arbeitsfläche ausrollen. Mit dem Teigrädchen in 14 cm große Rhomben schneiden. Schweineschmalz in einem großen Topf erhitzen. Teigstücke bei etwa 160 Grad (mit dem Fritierthermometer messen) in 5 Minuten hellbraun backen. Mit einem Schaumlöffel herausnehmen, auf Haushaltspapier abtropfen lassen. Mit Puderzucker bestäuben.

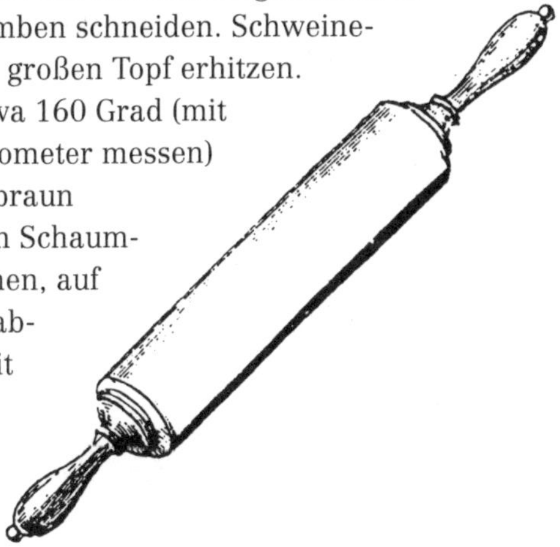

Mutzenmandeln

Zutaten für 92 Stück

65 g Butter oder Margarine
190 g Puderzucker
2 Eier
2 Eigelb
1 Eßlöffel Rum
1 Eßlöffel Rosenwasser
Salz
abgeriebene Schale einer halben Zitrone
50 g Marzipanrohmasse
3 Eßlöffel Kondensmilch
500 g Mehl
1 Teelöffel Backpulver
Mehl zum Ausrollen
750 g Schweineschmalz oder 1 l Erdnußöl
50 g Puderzucker

Butter oder Margarine in einem Topf zerlassen. Puderzucker in eine Schüssel sieben. Mit den Eiern, Eigelb, Rum, Rosenwasser, Salz und Zitronenschale schaumig rühren. Marzipanrohmasse mit Kondensmilch in einer zweiten Schüssel zu einer geschmeidigen Masse kneten. Mehl mit Backpulver auf ein Backbrett oder die Arbeitsfläche geben. In die Mitte eine Mulde drücken. Zerlassene Butter oder Margarine, Zucker-Eier-Masse und Marzipanmasse reingeben und mit dem Mehl zu einem Teig verkneten. 30 Minuten ruhen lassen.
Teig auf einem bemehlten Backbrett oder auf der bemehlten Arbeitsfläche 6 mm dick ausrollen. Mit einem Mutzenmandelausstecher Teig ausstechen. Schweineschmalz oder Erdnußöl in einem Fettopf auf 180 Grad erhitzen. Mutzenmandeln darin in 5 Minuten hellbraun backen. Mit einem Schaumlöffel rausnehmen. Abtropfen lassen.
Noch heiß mit Puderzucker bestäuben.

Hörnchen mit Sahne

Die Rheinländer nennen Hörnchen Zimtwaffeln, was Hörnchen-Experten übrigens unmöglich finden. Hörnchen werden im Oblateneisen gebacken, die es heute schon vollautomatisch gibt. Sie sind knusprig wie Plätzchen und haben einen großen Vorteil: Wenn was übrigbleibt, kann man sie in Blechdosen verschlossen acht Tage aufbewahren. Natürlich ungefüllt.

Zutaten für 45 Stück

65 g Butter
oder Margarine
250 g Zucker
abgeriebene Schale
einer Zitrone
4 Eier
250 g Mehl
3/8 l Wasser
1 Becher Kuvertüre (100 g)
1/4 l Sahne
1 Eßlöffel Puderzucker
1 Päckchen Vanillinzucker

Butter oder Margarine in einer großen Schüssel schaumig rühren. Nach und nach 4 Eßlöffel Zucker und die abgeriebene Zitronenschale reinrühren. Dann die Eier, den restlichen Zucker und abwechselnd 4 Eßlöffel Mehl und 8 Eßlöffel Wasser, bis beides verbraucht ist.
Nur neue Oblateneisen mit Fett einpinseln, gebrauchte nicht. Eisen vorheizen. Jeweils 1/2 Schöpflöffel Teig einfüllen. Eisen schließen und auf Stufe 3 in 1/2 Minute goldbraun backen. Automatische Eisen auf den gewünschten Bräunungsgrad einstellen.
Sofort nach dem Backen zu einer Tüte formen oder das Gebäck in ein verjüngtes Becherglas gleiten lassen. Dann formen sich die Tütchen von selbst. Jetzt haben Sie die ursprünglichen Hörnchen. Eine Abwandlung: Gebäck zu Rollen formen. Auf einem Kuchendraht auskühlen lassen. Kuvertüre im heißen Wasserbad auflösen. Hörnchen an beiden Enden etwa 2 cm tief eintauchen. Auf einem Kuchendraht trocknen lassen. Sahne mit Puderzucker und Vanillinzucker steif schlagen. Hörnchen kurz vorm Servieren mit Sahne füllen.

Kölner Mohnstollen

Zutaten

Für die Füllung:
250 g gemahlener Mohn
1/2 l Milch
1 Päckchen Vanille-Pudding-pulver
1 Eßlöffel Butter
1 Eigelb
100 g Zucker
Für den Teig:
500 g Mehl
30 g Hefe
1 Teelöffel Zucker
1/8 l lauwarme Milch
2 Eier
75 g Zucker
150 g Butter oder Margarine
35 g gehackte süße Mandeln
15 g gehackte bittere Mandeln
abgeriebene Schale einer Zitrone
1 Prise Salz
Außerdem:
Mehl zum Ausrollen
20 g Margarine zum Einfetten
Für die Glasur:
200 g Puderzucker
1 Eiweiß
Saft einer Zitrone

Für die Füllung Mohn mit 3/8 l Milch unter Rühren in einem Topf aufkochen. 10 Minuten bei kleinster Hitze quellen lassen. Puddingpulver mit der restlichen Milch verrühren. Unter Rühren in die Mohnmasse geben. Butter, Eigelb und Zucker reinmischen. Die Füllung bitte abkühlen lassen.

Für den Teig Mehl in eine Schüssel geben. In die Mitte eine Mulde drücken. Hefe reinbröckeln. 1 Teelöffel Zucker drüberstreuen. Mit etwas Milch zum Vorteig verrühren. Etwas Mehl vom Rand drüberstäuben. Zugedeckt 15 Minuten an einem warmen Ort gehen lassen. Restliche Milch, Eier und Zucker zum Teig geben. Butter oder Margarine in Flöckchen auf den Mehlrand setzen. Von innen nach außen zu einem geschmeidigen Teig kneten. Teig schlagen, bis er Blasen wirft und sich von den Händen löst. 15 Minuten gehen lassen. Mandeln, Zitronenschale und Salz in den Teig mischen.

Arbeitsfläche mit Mehl bestäuben. Teig darauf 1 cm dick rechteckig ausrollen. Mohnfüllung darauf verteilen. Dabei einen 2 cm breiten Rand frei lassen. Aufrollen oder die Seiten zur Mitte überschlagen und zum Stollen formen. Backblech mit Margarine einfetten. Stollen darauf legen. Zugedeckt noch mal 20 Minuten gehen lassen.

In den vorgeheizten Ofen auf die mittlere Schiene schieben. 45 Minuten bei 180 Grad backen. Blech aus dem Ofen nehmen. Stollen auf einem Kuchendraht leicht abkühlen lassen.

Für die Glasur Puderzucker, Eiweiß und Zitronensaft in einer Schüssel verquirlen. Stollen damit bestreichen. Glasur fest werden lassen. Stollen vor dem Servieren in 15 Stücke schneiden.

Aachener Printen

Ursprünglich wurden Printen mit Hilfe von Holzmodeln geformt und als Gebildbrote gebacken. Das ist schon lange her, denn die ersten Printen wurden bereits vor über 500 Jahren gebacken.

Sirup mit Wasser erhitzen. Pottasche in etwas Wasser auflösen. Mit kleingeschlagenem Kandiszucker und den übrigen Zutaten zum Sirup geben. Teig gut kneten. Am besten über Nacht stehenlassen. Den Teig 3 mm dick ausrollen. 3 × 8 cm große Rechtecke ausschneiden. Backblech mit Wasser bestreichen. Teigstücke drauflegen und etwa 15 Minuten bei 220 Grad backen.

Zutaten für 65–70 Stück

500 g Sirup
3 Eßlöffel Wasser
5 g Pottasche
150 g Kandiszucker
100 g Zucker
600 g Mehl
50 g gewürfeltes Orangeat
1 Prise Piment
3 gehäufte Teelöffel Anis
2 Teelöffel Koriander
2 gehäufte Teelöffel Zimt
je 1 Prise Nelkenpfeffer
Kardamon, Muskatnuß
und Natron

Lebkuchen

Zutaten für 34 Stück

200 g Honig
200 g Zucker
2 Eier
abgeriebene Schale einer Zitrone
je 50 g Zitronat und Orangeat
70 g Mandelstifte
1/2 Teelöffel gemahlener Zimt
je 1 Prise Salz geriebene Muskatnuß, Nelkenpfeffer und Kardamom
500 g Mehl
1 Päckchen Backpulver
Mehl zum Ausrollen

Weihnachten ohne Lebkuchen – undenkbar in Aachen und Umgebung. In der Nachkriegszeit, wenn Honig rar war, wurden Lebkuchen mit Apfel- oder Rübenkraut zubereitet.

Honig mit Zucker in einem Topf erhitzen. Auskühlen lassen. Eier, abgeriebene Zitronenschale, Zitronat, Orangeat, Mandelstifte und die Gewürze reinrühren. Mehl und Backpulver mischen, drübersieben und unterrühren. Teig kräftig durchkneten. Auf einem bemehlten Backblech oder bemehlter Arbeitsfläche 1/2 cm dick ausrollen. 8 × 5 cm große Rechtecke ausschneiden. Backblech mit Wasser bestreichen. Lebkuchen draufsetzen. In den vorgeheizten Ofen auf die mittlere Schiene schieben. 15 Minuten bei 220 Grad backen.
Rausnehmen. Auf einem Kuchendraht abkühlen lassen.

Sie können die Lebkuchen auch nach dem Backen mit Zitronen-Rum- oder Schokoladen-Glasur überziehen und mit halbierten Mandeln, Hagelzucker oder Schokoladenstreusel garnieren.

Spekulatius

Spekulatius, dieses würzige Weihnachtsgebäck, das in speziellen Holzmodeln gebacken wird, fehlt im Rheinland auf keinem bunten Teller. Die eigentliche Heimat des Gebäcks aber ist das benachbarte Holland. Spekulatius ist wahrscheinlich von Speculator, dem holländischen Beinamen des Nikolaus, abgeleitet. Und so werden die Plätzchen gemacht:

Zutaten für 120 Stück

250 g Butter oder Margarine
250 g feinkörniger Streuzucker
1 Ei
1/2 Teelöffel gemahlener Zimt
je 1 Messerspitze gemahlene Nelken und Kardamom
1 Prise Salz
375 g Mehl
Mehl zum Ausrollen
Butter oder Margarine zum Einfetten

Butter oder Margarine in einer Schüssel schaumig rühren. Zucker und Ei zufügen. Gut verrühren. Zimt, Nelken, Kardamom und Salz reingeben. Etwas Mehl unterrühren, Rest unterkneten. Teig zugedeckt über Nacht ruhen lassen.
Model mit Mehl ausstreuen. Ein Stück Teig draufgeben. Ausrollen. Überstehenden Teig abschneiden. Spekulatius aus dem Model schlagen.
Backblech mit Butter oder Margarine einfetten. Spekulatius drauflegen. In den vorgeheizten Ofen auf die mittlere Schiene schieben. 10 Minuten bei 200 Grad backen. Rausnehmen. Spekulatius vom Blech lösen und auf einem Kuchendraht auskühlen lassen.

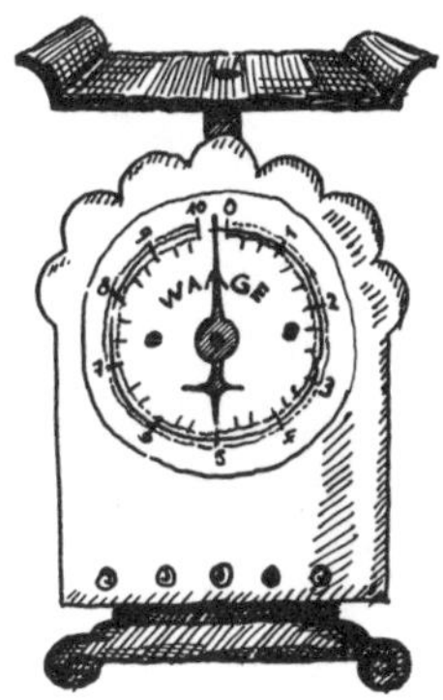

Wenn Sie kein Model haben, können Sie den Teig auch in beliebiger Form ausstechen.

Kalte Schnauze

Zutaten

250 g Kokosfett
2 Eier
1 Prise Salz
150 g Puderzucker
4 Eßlöffel Kakao
1 Eßlöffel Instant-Kaffee
1 Glas (2 cl) Rum
abgeriebene Schale einer Zitrone
24 rechteckige Butterkekse
2 Eßlöffel Pistazien

Ob Sie ihn nun Kalter Kekskuchen, Kellerkuchen, Kalter Hund oder Kalte Schnauze nennen, die phantasievollen Namen meinen alle den gleichen: Nämlich den praktischsten, vielleicht sogar schnellsten Kuchen der Welt. Kekse werden mit Schokoladenmasse zu einem Kuchen zusammengesetzt. Der Backofen ist überflüssig, aber der Kühlschrank ist nötig. Sie sehen, vor diesem Kuchen muß nicht einmal die ganz junge, noch etwas unerfahrene Hausfrau Angst haben.

Kokosfett in einem Topf schmelzen lassen. Eier, Salz und Puderzucker in einer Schüssel schaumig rühren. Kakao und Kaffeepulver unterrühren. Rum und Zitronenschale zugeben. Kokosfett abkühlen lassen. Nach und nach in die Kakaomasse einrühren.
Einen Bogen Alufolie auf dem Tisch ausbreiten. 4 Kekse hintereinander drauflegen Alufolie rundherum zu einem Rand hochbiegen. Kekse mit etwas Schokoladenmasse bestreichen und wieder 4 Kekse drauflegen. Und so weiter, bis alle Kekse verbraucht sind. Oberste Schicht: Schokoladenmasse.
Kuchen in den Kühlschrank stellen und 120 Minuten durchkühlen lassen. Rausnehmen. Vorsichtig aus der Alufolie lösen. Auf eine längliche Glasplatte legen. Für die oberste Schicht Schokoladenmasse Pistazien hacken und über den Kuchen streuen. In dünne Scheibchen aufschneiden und sofort servieren, sonst wird der Kuchen wieder weich.

Marzipanstriezel

Für den Teig Mehl in eine tiefe Schüssel geben. In die Mitte eine Mulde drücken. Hefe reinbröckeln. Etwas Zucker draufstreuen. 1/8 l lauwarme Milch zugeben. Margarine in Flöckchen auf den Mehlrand setzen. Restlichen Zucker drüberstreuen. Mit einem Holzlöffel etwas Mehl vom Rand reinrühren. Zugedeckt 20 Minuten gehen lassen.
Restliche lauwarme Milch, die Eier und Salz in den Vorteig geben. Von der Mitte aus verühren. Dann zu einem geschmeidigen Teig kneten. Schlagen, bis er sich vom Schüsselboden löst. Arbeitsfläche mit Mehl bestäuben. Teig darauf 1 cm dick ausrollen. Für die Füllung Mandeln, Bittermandelöl, Puderzucker, Rosenwasser, Ei und Eigelb zu einem Marzipanteig mischen. Teigplatte mit Eiweiß und Füllung bestreichen. Backblech mit Margarine einfetten. Striezel darauf 60 Minuten gehen lassen. Zusammenrollen.
Striezel mit im Wasser verquirltem Eigelb bestreichen. In den vorgeheizten Ofen auf die untere Schiene schieben. 35 Minuten bei 220 Grad backen.
Nach dem Auskühlen mit Puderzucker bestäuben. In 40 Stücke schneiden.

Zutaten

Für den Teig:
500 g Mehl
50 g Hefe
4 Eßlöffel Zucker
knapp 1/4 l lauwarme Milch
125 g Margarine
3 Eier
Salz
Mehl zum Ausrollen
Für die Füllung:
500 g gemahlene Mandeln
3 Tropfen Bittermandelöl
350 g Puderzucker
6 Eßlöffel Rosenwasser
1 Ei
1 Eigelb
1 Eiweiß zum Bestreichen
Margarine zum Einfetten
Zum Bestreichen
und Bestäuben:
2 Eßlöffel Wasser
2 Eigelb
50 g Puderzucker

Ballbäuschen

Zutaten für 25 Stück

100 g Butter oder Margarine
75 g Zucker
abgeriebene Schale einer halben Zitrone
1 Prise Salz
3 Eier (Gewichtsklasse 4 oder 5)
350 g Mehl
1 Teelöffel Backpulver
Außerdem:
2 kg Kokosfett oder 2 l Öl zum Ausbacken
100 g Zucker und 2 Teelöffel Zimt oder
100 g Puderzucker

Ballbäuschen, Bullebäuschen, Bonbäuschen oder Bonböschen – Sie haben die Wahl. Der kräftig verballhornte Name für dieses beliebte Silvester- und Karnevalsgebäck aus dem Rheinland war wohl ursprünglich „bon baiser". Was soviel heißt wie „herzhafter Kuß". Vielleicht haben Soldaten Napoleons als Besatzer dem Gebäck gerne zugesprochen. Ballbäuschen werden eigentlich in einer speziellen Pfanne gebacken. Sie ist aus Metall oder Keramik und hat sieben runde Vertiefungen für den Teig.

Butter oder Margarine und Zucker schaumig rühren, Zitronenschale, Salz und Eier zugeben. Rühren, bis sich der Zucker gelöst hat. Mehl und Backpulver mischen, unter die Eimasse rühren. Fett in einem Fritiertopf auf 180 Grad erhitzen. Mit zwei Teelöffeln kleine Teighäufchen abstechen und immer 8 bis 10 auf einmal goldbraun ausbacken, dabei jedes Bällchen einmal umdrehen. Ausbackzeit etwa 4 Minuten.
Ballbäuschen rausnehmen und auf Küchenkrepp abtropfen lassen. Noch warm mit Zucker- und Zimtgemisch oder Puderzucker bestreuen.

Ballbäuschen kann man auch aus einem Hefeteig mit Rosinen backen. Nicht ganz stilecht aber köstlich ist es, wenn Sie statt Zimtzucker Pflaumenmus dazu servieren oder die noch warmen Ballbäuschen mit heißem Himbeermark übergießen.

Mainzer Batzekuchen

Zutaten für 14 Stück

500 g Mehl
30 g Hefe
200 ccm lauwarme Milch
75 g Zucker
150 g Butter oder Margarine
1 Prise Salz
1 Ei
1 Päckchen Vanillinzucker
Mehl zum Formen
Butter oder Margarine zum Einfetten

Mehl in eine Schüssel geben. In die Mitte eine Vertiefung drücken. Hefe reinbröckeln. Zusammen mit etwas lauwarmer Milch, einem Eßlöffel Zucker und etwas Mehl vom Rand zum Vorteig verrühren. Mit einem Küchentuch bedeckt an einem warmen Ort 15 Minuten gehen lassen.
Die restliche Milch, restlichen Zucker, Butter oder Margarine, Salz, Ei und Vanillinzucker dazugeben. Alles zu einem geschmeidigen Teig kneten. Teig so lange schlagen, bis er Blasen wirft und sich vom Schüsselrand löst. Zugedeckt noch mal 30 Minuten gehen lassen. Aus dem Teig mit bemehlten Händen 14 gleichmäßige Kugeln formen. Ein Backblech einfetten. Kugeln draufsetzen und etwas flachdrücken. Noch mal 15 Minuten gehen lassen.
Die Teigstücke vor dem Backen mit einem Messer zweimal kreuzweise einschneiden. Blech in den vorgeheizten Ofen auf die mittlere Schiene schieben. 20 Minuten bei 200 Grad backen.

Blatz nach bergischer Art

Zutaten

Für den Teig:
1 kg Mehl
60 g Hefe
2 Teelöffel Zucker
1/4 l lauwarme Milch
200 g Zucker
2 Eier
1 Prise Salz
150 g Butter oder Margarine
250 g kernlose Rosinen
2 Eßlöffel Mehl
Außerdem:
Margarine zum Einfetten
Butter zum Bestreichen

Eine bergische Kaffeetafel ohne Blatz oder Stuten ist nur eine halbe Sache. Man ißt den Blatz mit „dick Butter", Apfelkraut, Quark und sogar mit Milchreis, Zucker und Zimt drauf. Dies und noch viel mehr gehört zu einer für ihren Reichtum berühmten bergischen Kaffeetafel. Waffeln mit Sahne, eine große Platte mit Hausmacher Wurstsorten, verschiedene Sorten Brot und selbstverständlich der heiße Kaffee aus der Dröppelminna – so heißen die alten bergischen Kaffeepötte aus Zinn – werden dazu serviert.

Für den Teig Mehl in eine Schüssel geben. In die Mitte eine Vertiefung drücken, Hefe reinbröckeln, mit Zucker bestreuen. Etwas Milch zugeben und mit wenig Mehl vom Rand zum Vorteig verrühren. Zugedeckt an einem warmen Ort 30 Minuten gehen lassen. Das Volumen muß sich verdoppeln. Danach Zucker und restliche Milch dazugeben. Eier, Salz und Fett in Flöckchen auf dem Mehlrand verteilen. Alles zu einem glatten Hefeteig verarbeiten. So lange schlagen, bis sich der Teig vom Schüsselboden löst und Blasen wirft. Rosinen mit Mehl bestreuen, mischen und unter den Teig kneten.
Noch mal zugedeckt 30 Minuten gehen lassen. Eine große Zweipfünder-Kastenform einfetten, Hefeteig reinfüllen. Oberfläche mit dem Messerrücken längs einkerben. Noch einmal an einem warmen Ort zugedeckt 20 Minuten gehen lassen, bis er den Rand der Form übersteigt. Die Form in den vorgeheizten Backofen auf die mittlere

Schiene stellen und backen. 60 Minuten bei 200 Grad.
Nach dem Backen noch warm in Scheiben schneiden und mit Butter bestreichen. Ergibt 20 Scheiben.

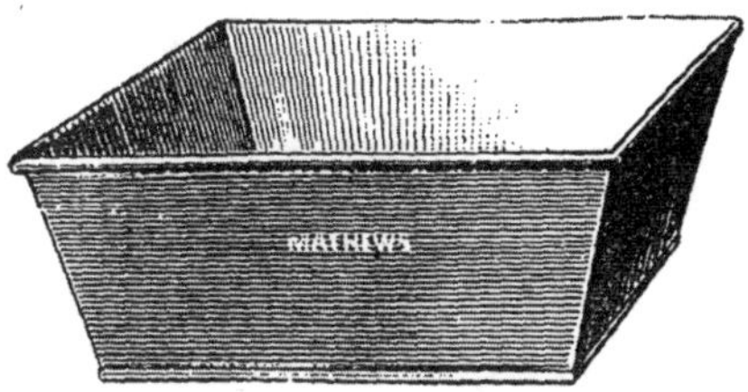

Pfeffernüsse

Butter, Zucker und Honig in einem Topf schmelzen, dann abkühlen lassen. Mehl, Backpulver und Gewürze auf einer Arbeitsfläche mischen. In die Mitte eine Mulde drücken. Honigmasse reingeben. Zu einem geschmeidigen Teig kneten und zu 2 cm dicken Rollen formen. Davon 2 cm dicke Stücke abschneiden und zu Kugeln drehen. Auf das eingefettete Backblech legen. In den vorgeheizten Ofen auf die mittlere Schiene schieben. 20 Minuten bei 180 Grad backen. Gesiebten Puderzucker in eine Schüssel geben. Mit Zitronensaft und Wasser glattrühren. Pfeffernüsse aus dem Ofen nehmen. Auf einen Kuchendraht setzen. Noch warm dick mit dem Zuckerguß bestreichen.

Zutaten für 44 Stück

90 g Butter
2 Eßlöffel Zucker
4 Eßlöffel Honig
200 g Mehl
1/2 Päckchen Backpulver
1/2 Teelöffel Kardamom
1 Teelöffel Zimt
1 Prise gemahlene Nelken
Margarine zum Einfetten
Für den Guß:
150 g Puderzucker
1 Eßlöffel Zitronensaft
1 Eßlöffel heißes Wasser

Apfeltaschen

Zutaten

500 g Mehl
1 Päckchen Backpulver
2 Eier
80 g Zucker
das Abgeriebene einer Zitrone
etwa 6 Eßlöffel Milch
100 g Butter oder Margarine
Für die Füllung:
500 g Äpfel
50 g Rosinen
1 Eigelb zum Bestreichen

Mehl mit Backpulver mischen. In der Mitte eine Vertiefung machen und darin die Eier, Zucker, Zitronenschale und Milch verrühren und mit der in Stückchen geschnittenen und darüber verteilten kalten Butter oder Margarine schnell zu einem geschmeidigen Teig verkneten und 30 Minuten kalt stellen.
Den Teig ausrollen und zu Rechtecken ausrädeln. Die Ränder der Rechtecke mit etwas Eigelb bepinseln, in die Mitte geschnitzelte Äpfel und Rosinen legen und die Ränder unter leichtem Druck zu Taschen übereinanderschlagen. Die Oberfläche mit Eigelb bepinseln.
Apfeltaschen bei etwa 200 Grad auf der mittleren Schiene 30 Minuten backen

Martinskuchen

Zutaten

500 g Mehl
30 g Hefe
2 Eier
$^1/_4$–$^1/_2$ l Milch
60 g Zucker
etwas Salz
2 Eßlöffel Rosinen
2 Äpfel, in Würfel geschnitten
Kokosfett und Sonnenblumenöl zum Braten

Mehl in eine Schüssel geben, eine Mulde machen und die Hefe hineinbröckeln. Etwas Zucker drüberstreuen und mit der Hälfte der warmen Milch einen Vorteig rühren. Zugedeckt 20 Minuten gehen lassen.
Die restlichen Zutaten zufügen und alles zu einem glatten Teig verarbeiten. Der Teig muß schwer reißend vom Löffel fallen. Noch einmal zugedeckt 20 Minuten gehen lassen.
In einer schweren Pfanne Kokosfett und Öl erhitzen. Bei schwacher Mittelhitze kleine Plätzchen backen. Beilage: Rübenkraut.

Bergische Waffeln

Ohne Waffeln ist eine Bergische Kaffeetafel nicht denkbar. Die Waffeln werden häufig mit Hafermehl (gibt's im Reformhaus) gebacken. Das verleiht ihnen einen kräftigen Geschmack.

Zutaten

125 g Butter
1 Eßlöffel Zucker
4 Eigelb
250 g Mehl
1/4 l Milch
1 Prise Salz
abgeriebene Schale einer halben Zitrone
4 Eiweiß
eventuell Öl
Für die Garnierung:
Puderzucker oder Erdbeer-, Kirsch- oder Aprikosenmarmelade

Butter mit Zucker und Eigelb schaumig rühren. Abwechselnd Mehl und Milch zugeben. Mit Salz und abgeriebener Zitronenschale würzen. Eiweiß steif schlagen. Unterheben. Waffeleisen gut heiß werden lassen. Nur beim ersten Gebrauch mit Öl leicht einfetten. Teig löffelweise darin backen. Heiß servieren. Nach Wahl die Waffeln dann mit Puderzucker bestäubt oder mit Marmelade bestrichen servieren. Außerdem Schlagsahne dazu reichen.

Wer die Waffeln süß nicht mag, genießt sie mit geriebenem Schweizer Käse. Dafür den Teig bitte ohne Zucker zubereiten.

Moppen rheinisch

Zutaten für 47 Stück

150 g Zucker
Salz
200 g Honig
60 g Butter oder Margarine
1/2 Päckchen Backpulver
400 g Mehl
125 g gehackte Mandeln
1 Päckchen Vanillinzucker
je 1 gestrichener Teelöffel Nelkenpulver und gemahlener Zimt
2 Eier
Öl zum Einfetten

Zucker, Salz, Honig und Butter oder Margarine in einem Topf unter Rühren erhitzen. Abkühlen lassen.
Das mit Backpulver gemischte Mehl in eine Schüssel oder aufs Backbrett geben. Mit Mandeln, Vanillinzucker, Nelkenpulver und Zimt mischen. In die Mitte eine Mulde drücken. Abgekühlte Honigmasse und die aufgeschlagenen Eier reingeben.
Erst mit dem Löffel mit etwas Mehl vom Rand verrühren. Dann von außen nach innen einen Teig kneten. Kräftig durcharbeiten. Teig zugedeckt über Nacht im Kühlschrank ruhen lassen.
Am nächsten Tag Backblech einfetten. Aus dem Teig walnußgroße Kugeln formen. Aufs Blech legen. In den vorgeheizten Ofen auf die mittlere Schiene schieben. 15 Minuten bei 180 Grad backen.
Die goldgelb gebackenen Moppen auf einem Kuchendraht abkühlen lassen.

Moppen sind zuerst hart. Sie werden durch Lagern in gut verschlossenen Blechdosen wieder weich.

Karnevalsbrezeln

Mehl in eine Schüssel geben. In die Mitte eine Mulde drücken. Hefe reinbröckeln. Einen Teelöffel Zucker darüberstreuen und mit der Hälfte der Milch und etwas Mehl vom Rand zum Vorteig verrühren. Zugedeckt an einem warmen Platz 15 Minuten aufgehen lassen.
In der Zwischenzeit die Butter zerlassen. Eier, Salz, restlichen Zucker und restliche Milch dazugeben. Diese Mischung zum Vorteig gießen und alles zu einem glatten Hefeteig kneten. Den Teig schlagen, bis er Blasen wirft und sich vom Schüsselrand löst. Zugedeckt 20 Minuten gehen lassen. Den Teig in 50 g schwere Stücke aufteilen und diese zu Kugeln formen. Auf einer bemehlten Arbeitsfläche 20 cm lange Stränge daraus rollen und einige Minuten ruhen lassen. Dann auf eine Länge von 45 cm weiter rollen und daraus Brezeln formen. Zugedeckt an einem warmen Platz 20 Minuten gehen lassen. Sie sollen sichtbar an Volumen zugenommen haben.
Fett in einem Topf oder in einer Friteuse auf 180 Grad erhitzen. Je zwei Brezeln vorsichtig ins Fett geben und auf beiden Seiten knusprig braun backen. Ausbackzeit: 4 Minuten pro Seite. Herausnehmen und auf Haushaltspapier gut abtropfen lassen. Die Brezeln vollständig erkalten lassen. Mit einem Messer waagerecht halbieren.
Für die Füllung Sahne mit Zucker steifschlagen und in einen Spritzbeutel mit Sterntülle füllen. Sahne auf die Schnittflächen der unteren Brezelhälften spritzen und das Oberteil der Brezeln daraufsetzen. Mit Puderzucker bestäuben.

Zutaten für 20 Stück

Für den Teig:
500 g Mehl
40g Hefe
60 g Zucker
1/4 l lauwarme Milch
60 g Butter
2 Eier
1/4 Teelöffel Salz
Mehl zum Ausrollen
Zum Ausbacken:
2 l Öl oder 2 kg reines Pflanzenfett
Für die Füllung:
3/8 l Sahne
30 g Zucker
50 g Puderzucker zum Bestäuben

Neujahrsbrezel

Zutaten

350 g Mehl
20 g Hefe
100 ccm lauwarme Milch
50 g Butter
3 Eßlöffel saure Sahne
1 Ei
40 g Zucker
1/4 Teelöffel Salz
1 Messerspitze Muskat
abgeriebene Schale einer halben Zitrone
Mehl zum Ausrollen
Margarine zum Einfetten
Zum Bestreichen:
1 Eigelb

Für den Teig Mehl in eine Schüssel geben. In die Mitte eine Mulde drücken. Hefe reinbröckeln. Mit Milch und Mehl zum Vorteig verrühren und 15 Minuten gehen lassen.
Butter flüssig werden lassen und mit saurer Sahne, Ei, Zucker, Salz, Muskat und Zitronenschale zum Vorteig geben. Zu einem glatten, festen Hefeteig kneten. Teig 15 Minuten zugedeckt an einem warmen Ort gehen lassen.
Aus dem Teig 3 Stränge von 50 cm Länge rollen. Die Stränge sollen zu den Enden hin dünner werden. Davon einen Zopf flechten und diesen zu einer Brezel legen. Auf ein gefettetes Backblech geben und zugedeckt an einem warmen Ort noch mal 20 Minuten gehen lassen. Oberfläche mit Eigelb bestreichen. In den vorgeheizten Ofen auf die mittlere Schiene stellen. 20 Minuten bei 220 Grad backen.
Brezel vorsichtig vom Blech heben und auf einem Kuchengitter auskühlen lassen.

Apfelkuchen mit Quark

Für den Teig Butter oder Margarine mit Zucker, Vanillinzucker und Salz in einer Schüssel mit dem Handrührgerät schaumig rühren. Die aufgeschlagenen Eier einzeln zufügen. Mehl und Backpulver mischen. Eßlöffelweise unterziehen.
Ein Backblech (41 × 20 cm) mit Margarine einfetten. Teig mit einem Teigschaber draufstreichen. Blech in den vorgeheizten Ofen auf die mittlere Schiene schieben. 15 Minuten bei 200 Grad backen.
Für den Belag Quark, Zucker, Vanillinzucker, Butter oder Margarine und Eigelb in eine Schüssel geben. Mit dem Handrührgerät schnell zu einer cremeartigen Masse verrühren.
Eiweiß in einer anderen Schüssel zu steifen Schnee schlagen. Auf die Quarkmasse geben. Darüber die Speisestärke. Alles mischen. Äpfel waschen, abtropfen lassen und schälen, vierteln, entkernen und in dünne Schnitze schneiden. Das Kuchenblech aus dem Ofen nehmen. Eine Lage Apfelschnitze auf den Teig verteilen. Darüber die Quarkcreme streichen. Mit den restlichen Apfelstücken belegen.
Backblech wieder in den Ofen schieben. 60 Minuten bei 180 Grad backen.
Den Kuchen aus dem Ofen nehmen. Noch warm mit einer Zucker-Zimt-Mischung bestreuen.

In Alufolie gewickelt hält sich der Kuchen im Kühlschrank ein paar Tage frisch.

Zutaten für 21 Stück

Für den Teig:
125 g Butter oder Margarine
125 g Zucker
1 Päckchen Vanillinzucker
1 Prise Salz
2 Eier
200 g Mehl
1 gehäufter Teelöffel Backpulver
Margarine zum Einfetten
Für den Belag:
500 g Magerquark
150 g Zucker
1 Päckchen Vanillinzucker
150 g Butter oder Margarine
2 Eigelb
2 Eiweiß
100 g Speisestärke
1,2 kg mürbe Äpfel
Zum Bestreuen:
50 g Zucker
2 Teelöffel Zimt

Plunderteig-Gebäck

Zutaten

400 g Mehl
25 g Hefe
40 g Zucker
1/8 l Milch
200 g kalte Butter
50 g Mehl
1 Prise Salz
40 g Schmalz
Mehl zum Ausrollen

Genau genommen handelt es sich beim Plunderteig um ein Mittelding zwischen Hefe und Blätterteig, küchentechnisch Hefeblätterteig genannt. In den Hefegrundteig wird reichlich kühle Butter eingearbeitet. Der Teig wird mehrfach übereinandergeschlagen und ausgerollt, so daß sich Teig- und Butterschichten abwechseln. Beim Backen wird durch die Hefe Dampf frei, den die fetten Teigschichten nicht entweichen lassen. So entsteht die blättrige Struktur. Typische Plundergebäckstücke sind Hahnenkämme, Windmühlen, Hörnchen und Taschen.

Mehl in eine Schüssel geben. In die Mitte eine Mulde drücken. Hefe reinbröckeln und mit einem Teelöffel Zucker, der Milch und etwas Mehl vom Rand verrühren. Zugedeckt 15 Minuten gehen lassen.
50 g Mehl auf eine Arbeitsfläche sieben. 200 g Butter fein schneiden und draufgeben. Diese Zutaten schnell verkneten und zu einem Ziegel formen. Zwischen Pergamentpapier 1 cm dick ausrollen und im Kühlschrank 15 Minuten ruhen lassen. Zucker, Salz und Schmalz zum Vorteig geben. Alles gut verkneten. Teig so lange schlagen, bis er sich von der Schüssel zu lösen beginnt. 15 Minuten kalt stellen. Teig auf einer bemehlten Arbeitsfläche zu einem Rechteck ausrollen. Die Butter in die Mitte auf den Teig legen. Teig von allen Seiten drüberschlagen, dann zugedeckt 15 Minuten im Kühlschrank ruhen lassen.
Auf bemehlter Arbeitsfläche wieder zu einem

Rechteck ausrollen. Teig von rechts und links überschlagen und für 15 Minuten in den Kühlschrank legen. Diesen Vorgang noch zweimal wiederholen. Den Teig dann formen, nach Belieben füllen und auf ein gefettetes Backblech legen. An einem kühlen Ort 20 Minuten gehen lassen. Im vorgeheizten Ofen backen.
Backzeit: Je nach Gebäckgröße und Füllung 20 bis 45 Minuten bei 220 Grad.

Elberfelder Kringel

Butter oder Margarine schaumig schlagen. Nach und nach Zucker und Eigelb reingeben. Abgeriebene Zitronenschale und Zitronensaft auch. Mehl mit Speisestärke und Backpulver mischen. Zitronat sehr fein hacken. Alles zu einem glatten Teig verarbeiten (erst rühren, dann kneten).
Teig 1/2 cm dick ausrollen. Etwa 40 Kränzchen von etwa 5 cm Durchmesser ausstechen. Eigelb verquirlen. Kringel damit bestreichen. Nur 20 Kränzchen nach dem Bestreichen mit Hagelzucker bestreuen. Auf ein gefettetes Backblech setzen. Im vorgeheizten Ofen auf Mittelschiene in 10 Minuten bei 200 Grad goldgelb backen.
Nach dem Backen sofort vom Blech nehmen. Dann auf einem Kuchenrost auskühlen lassen.

Zutaten für 40 Stück

Für den Teig:
125 g Butter oder Margarine
100 g Zucker
2 Eigelb
abgeriebene Schale einer halben Zitrone
Saft einer halben Zitrone
150 g Mehl
75 g Speisestärke
1 Teelöffel Backpulver
50 g Zitronat
Für die Garnierung:
1 Eigelb
6 Eßlöffel Hagelzucker
Margarine oder Öl zum Einfetten

Getränke

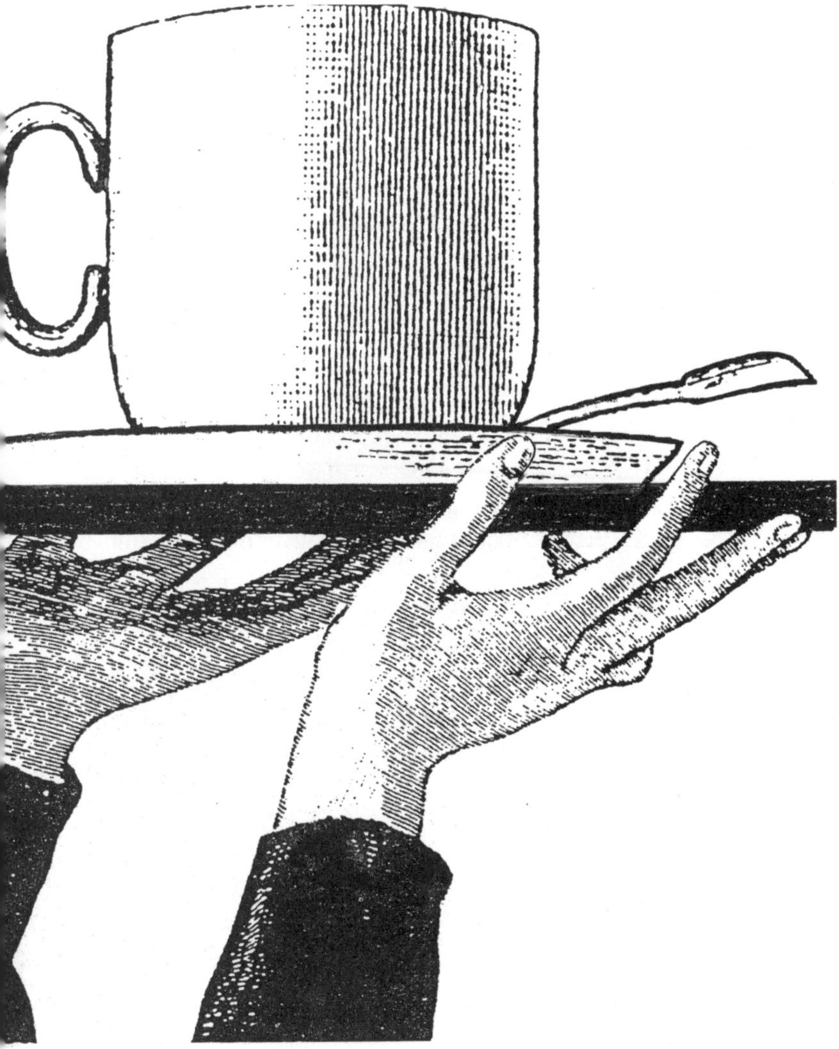

Aachener Waldmeisterbowle

Zutaten für 6 Personen

3 Stengel Waldmeister
150 g Zucker
3 Flaschen Mosel- oder Rheinwein
1 Flasche Sekt

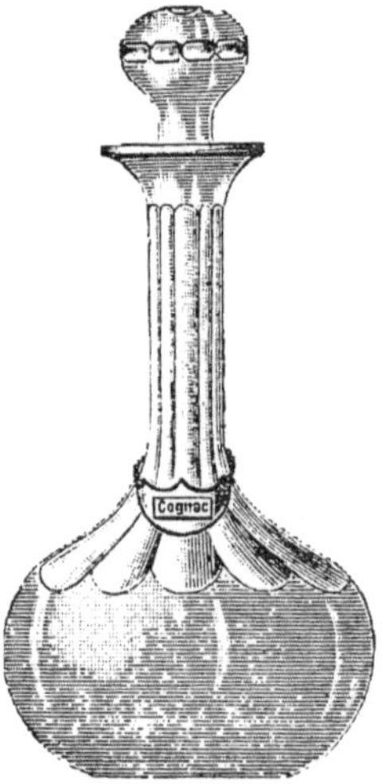

Waldmeister, auch Maikraut oder sogar Herzensfreund genannt, muß vor der Blüte verwendet werden.

Waldmeister unter kaltem Wasser leicht abspülen. Untere Blättchen entfernen. Stengel mit Haushaltsgarn zusammenbinden. Zucker ins Bowlengefäß geben. Eine Flasche Wein draufgießen. Umrühren, bis sich der Zucker gelöst hat. Die Zuckermenge können Sie übrigens nach Geschmack reduzieren.
Kräuterbündel in den Wein hängen. Die Stielenden sollen mit dem Wein nicht in Berührung kommen. 20 Minuten zugedeckt ziehen lassen. Kräuterbündel entfernen. Restlichen gekühlten Wein dazugießen. Kurz vorm Servieren den eisgekühlten Sekt zugießen.
PS: Frischer Waldmeister ist nur in den Monaten April und Mai zu haben. Sie können aber auch Waldmeisterextrakt kaufen oder selbst herstellen. Dazu die jungen Blättchen des Waldmeisters mit Wein in eine Flasche füllen, diese verkorken und einige Wochen in der Sonne stehenlassen. Der Extrakt wird abgefüllt, in einem verschlossenen Glas aufbewahrt und nach Geschmack verwendet.

Sie können auch noch ein paar Orangenscheiben in die Bowle geben.

Kuller-Pfirsich

Zutaten für 1 Person

1 mittelgroßer, vollreifer Pfirsich
1/4 Flasche Sekt

Von allen sommerlichen Erfrischungsgetränken ist Kuller-Pfirsich mit Sicherheit das lustigste. Denn er kullert tatsächlich – und das nicht erst nach dem fünften Glas. Vorausgesetzt, der Pfirsich ist reif, das Glas groß genug und der Sekt kalt genug. Warum der Pfirsich kullert: Die aus dem Sekt entweichende Kohlensäure steigt nach oben und dreht den Pfirsich dabei. Die Einstiche haben damit nichts zu tun.

Pfirsich unter kaltem Wasser abspülen. Mit Haushaltspapier trockentupfen. Mit einer Gabel einige Male einstechen. In ein Kuller-Pfirsich-Glas oder eine Sektschale legen. Kalten Sekt draufgießen. Sofort servieren. Denn er kullert nur so lange, wie die Kohlensäure entweicht.

Johannisbeerschnaps

Zutaten

Schwarze Johannisbeeren
weißer Korn
Kandiszucker
Kaffeebohnen

Johannisbeeren, verlesen, waschen und gut abtropfen lassen. Eine Flasche zu einem Viertel mit den Beeren füllen, mit Korn aufgießen. 1 Eßlöffel Kandiszucker und 6 Kaffeebohnen zufügen. Die Flasche mit einem Korken verschließen und 4 Wochen stehen lassen, zwischendurch mal schütteln. Vor dem Servieren den Schnaps durchsieben und in eine Karaffe trichtern.

Kalte Ente

Zutaten

1 Zitrone
2 Flaschen Rheinwein (je 0,7 l)
1 Flasche Sekt (0,75 l)

Dieses köstliche Getränk wurde seinerzeit als kaltes Ende eines Essens gereicht. Der Lauf der Zeit machte daraus dann eine Kalte Ente. Am besten schmeckt Kalte Ente, wie der Name schon sagt, sehr gut gekühlt. Sie sollten aber keine Eiswürfel in das Getränk geben, da sie den Originalgeschmack verfälschen.

Zitronen spiralenförmig sehr dünn schälen. Schale auf eine Gabel gesteckt ins Bowlegefäß hängen. Gut gekühlten Wein über die Zitronenschale ins Gefäß gießen. Zugedeckt 20 Minuten ziehen lassen. Kalten Sekt aufgießen. Zitronenschale rausnehmen, Kalte Ente sofort servieren.
PS: Mixen Sie doch auch mal eine Kalte Sherry-Ente. Dazu die Zitronenschale zuerst in das Bowlengefäß geben. 1/2 Flasche trockenen Sherry draufgießen. 20 Minuten ziehen lassen. 1 1/2 Flaschen gekühlten Rheinwein aufgießen.

Eierlikör

Milch, Eigelb und Zucker eine halbe Stunde (in der Küchenmaschine 10 Minuten) schlagen. Danach unter ständigem Rühren den Alkohol dazugeben. In Flaschen füllen und einige Tage stehen lassen. Vor Gebrauch schütteln.

Zutaten für 4–6 Personen

1 große Dose Kondensmilch (7,5 Prozent)
5 Eigelb
1 Päckchen Vanilinzucker
125 g Puderzucker
1/8 l reiner Alkohol

Warmbier

Ei mit Bier, das rate ich Dir. Das sagt schon eine uralte Redensart.

Die Eier mit dem Bier in einem Topf verquirlen, Zucker, Zimt und Zitronenschale dazugeben und bei zuerst kräftiger, später milder Hitze mit dem Schneebesen bis zum Steigen erhitzen. Dann vom Feuer nehmen, noch 5 Minuten weiterschlagen und sofort in feuerfesten Henkelgläsern servieren.

Zutaten für 4–6 Personen

4 Eier
1 l Bier
125 g Zucker
1 Prise Zimt
abgeriebene Schale von einer halben Zitrone

Rezeptverzeichnis

Der Mosaik-Verlag ist ein Unternehmen der Verlagsgruppe Bertelsmann

München / 5 4 3 2 1
Satz: Filmsatz Schröter GmbH, München
Druck und Bindung: Mohndruck, Graphische Betriebe GmbH, Gütersloh
Printed in Germany
ISBN 3-576-10482-8

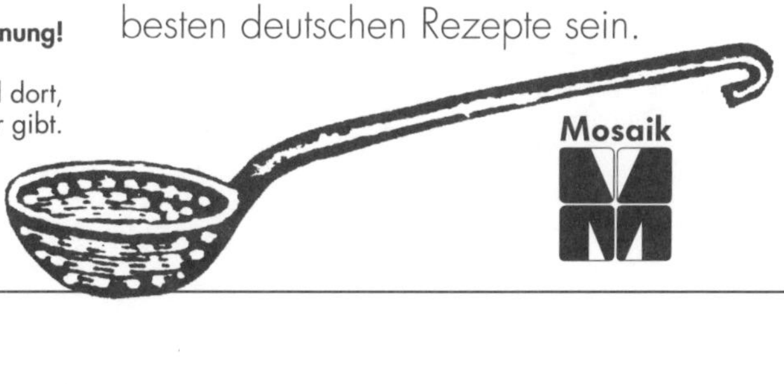

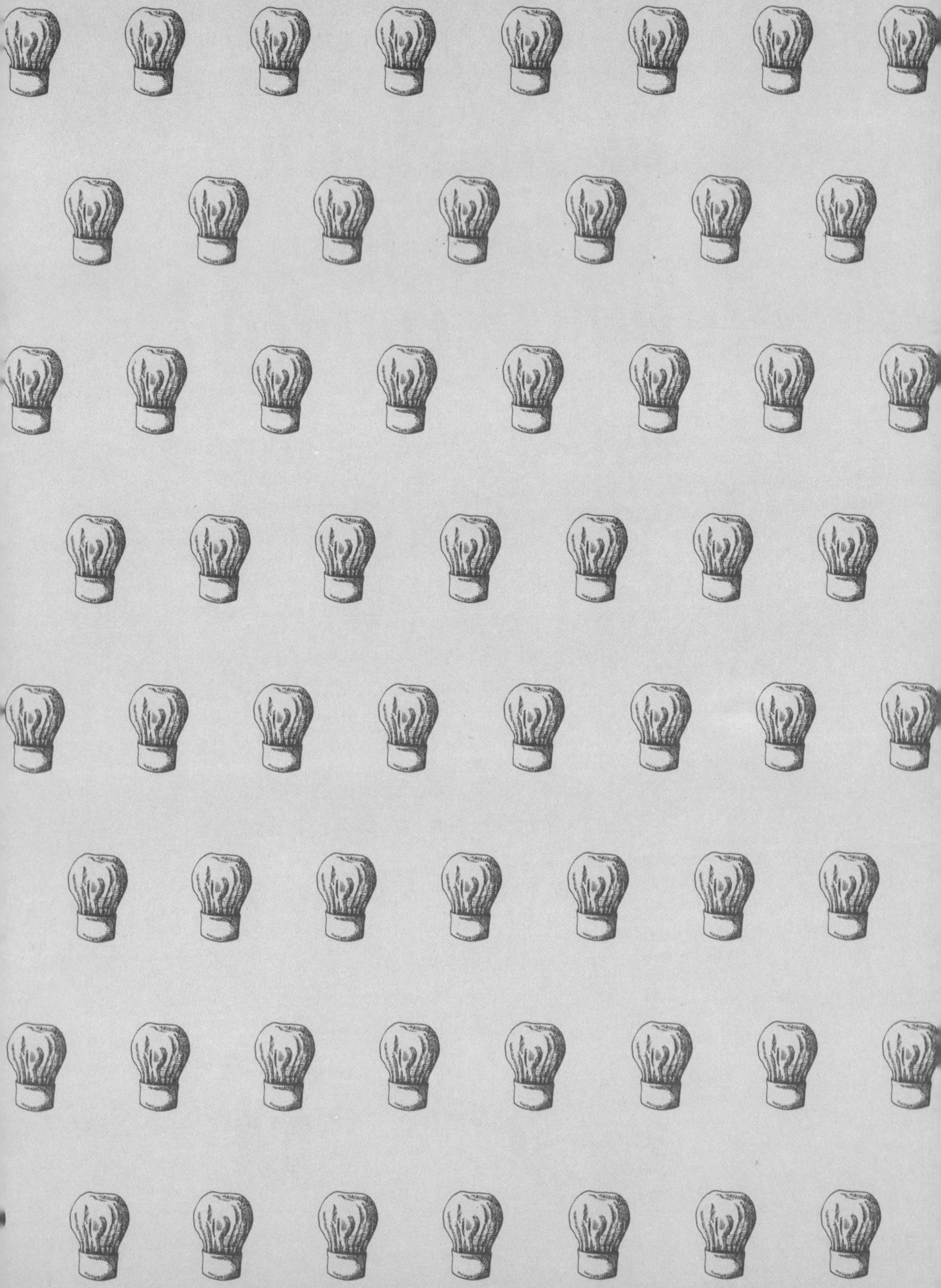